ACREDITAR
EM MIM
É A MINHA
ÚNICA
POSSIBILIDADE
DE EXISTIR

Sofia Oliveira

ACREDITAR EM MIM É A MINHA ÚNICA POSSIBILIDADE DE EXISTIR

 Planeta

Copyright © Sofia Oliveira, 2024
Copyright © Editora Planeta do Brasil, 2024
Todos os direitos reservados.

Preparação: Fernanda França
Revisão: Fernanda Guerriero Antunes
Projeto gráfico e diagramação: Márcia Matos
Capa: Renata Spolidoro
Ilustrações de capa e miolo: Suiane Souza

Dados Internacionais de Catalogação na Publicação (CIP)
Angélica Ilacqua CRB-8/7057

Oliveira, Sofia
  Acreditar em mim é a minha única possibilidade de existir / Sofia Oliveira. - São Paulo : Planeta do Brasil, 2024.
  224 p.

ISBN 978-85-422-2631-7

1. Literatura brasileira I. Título

24-0447   CDD B869

Índice para catálogo sistemático:
1. Literatura brasileira

Ao escolher este livro, você está apoiando o manejo responsável das florestas do mundo

2024
Todos os direitos desta edição reservados à
EDITORA PLANETA DO BRASIL LTDA.
Rua Bela Cintra, 986 – 4º andar
01415-002 – Consolação – São Paulo-SP
www.planetadelivros.com.br
faleconosco@editoraplaneta.com.br

ME ESCANEIE

este livro é um convite para você não desistir de si.

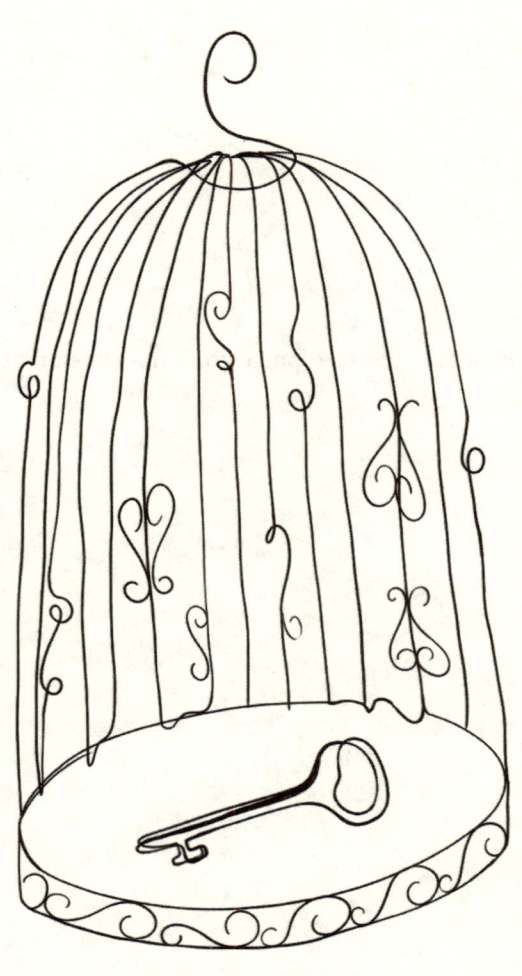

PARTE 1.

gaiola

aqui são palavras-alívios. estou quebrando todos os cadeados dessas gaiolas. elas podem ser grandes ou minúsculas, mas sempre estão nas mãos de alguém de quem nunca desconfiamos – às vezes, de nós mesmos. quantas vezes já me vi presa quando eu mesma tranquei o cadeado?

essas gaiolas são invisíveis, e talvez seja por isso que elas machuquem tanto.

não nasci pra ficar presa. a liberdade é o meu sobrenome. as cicatrizes existem, mas não me definem. quem eu sou e do meu passado, *somente eu posso dizer.*

TODO FIM É O INÍCIO
DE UMA HISTÓRIA QUE
VOCÊ AINDA VAI CONHECER

"Eu só quero que você se encontre"
Sonhos – Caetano Veloso

essa história se finda para que a minha comece

você me deixa na corda bamba. não é como se eu gostasse de estar aqui, mas, por alguma razão, ainda fico. essa corda bambeia para todos os lados; não é agradável, mas ela é a sua zona de conforto. você sabe que, se a segurarmos de mãos dadas, ela se sustenta por mais uns segundos. mas até quando? eu não queria que fosse assim. qualquer deslize meu – ou seu –, caímos. estamos por um fio.

se quando começamos o fim não era uma possibilidade, uma tragédia menos ainda. eu não quero que a nossa história se torne silêncio ao ouvir o seu nome. eu preciso nos convencer do nosso fim.

o meu sorriso desperta ao te ver chegar na mesma intensidade que minhas lágrimas se derramam quando você parte. quando estamos juntas, sinto que já não somos nós. não como antes, não como casal, e não sei se como amigas, pelo menos por ora.

mas eu também te pergunto: por que você não me deixa ir? por que sempre me faz acreditar que é possível, se você nem se movimenta pra fazer diferente? eu tô cansada de tentar sozinha.

você diz que outros ares estão te encantando, e eu juro – pela minha felicidade – que isso não me machuca. me machuca a sua indecisão sobre ir ou ficar. você quer tudo com tanta sede que eu não quero mais ser uma das suas fontes.

não adianta você ir viver um novo ciclo com a sua cabeça presa aqui. você paralisa o meu movimento e o seu.

eu só estou desistindo de nós juntas, mas torço por nossa alegria igual. no fundo, você também já desistiu, só não quer assumir pra mim – e pra você – que sim. preciso partir para não me machucar mais. você já foi, só não percebe.

"*Se há deserto em seu coração*
O que eu posso fazer?"
Enquanto durmo – Luedji Luna

carta para um amor redemoinho (você precisa se lembrar disso.)

vi uma foto sua sorrindo, com aquele mesmo riso largo de anos atrás, mas, dessa vez, você não estava só. quando nos conhecemos, uma das suas promessas – dentre milhares – era não deixar que o riso se tornasse algo raro nos nossos dias, e eu suponho que você ainda faça as mesmas promessas, mas agora com outras pessoas.

você permanece com o mesmo vício de depositar a sua felicidade em alguém, em uma história. e todas as vezes que você faz isso, *não é apenas você que se machuca.*

para ser sincera, não me assusta o fato de você fazer as promessas, repetir os mesmos clichês. essa é uma forma de acreditar que está sempre no controle.

vamos ser honestas, *você não lida bem com o fim porque não o vive.*

e eu consigo imaginar cada detalhe dos seus novos romances. consigo descrever o seu roteiro óbvio, os seus sonhos prévios e as mesmas frases prontas, rodeada de festas, para disfarçar a escuridão que existe em você.

mas se todos nós temos um lado obscuro, por que o esconder?

você não conversa sobre as suas sombras para não lembrar que elas existem. no fundo, esse redemoinho sufoca todos à sua volta, inclusive você. e, cá entre nós, quanto mais você insiste em reviver essas histórias, em repetir que tudo isso é em nome do amor, menos você o sente.

você não vive o amor para você, vive para os outros.

e eu só queria te falar que o amor não tem história pronta. enquanto você cria suas fantasias, as pessoas que estão ao seu lado são reais.

e é injusto feri-las por não corresponderem às suas expectativas. quando algo foge do seu roteiro, você simplesmente desiste. é como se você gostasse de contar histórias, mas não estivesse pronta para vivê-las.

SENTIR SUA FALTA,
MAS SABER QUE A SUA
PRESENÇA ME CUSTA AR

*"Eu vi que tudo que eu
tentava era tentar te entender."*
Lembrete – Fabiô

aposto que você lerá este texto (e, sim, foi pra você.)

eu chorei muito quando você se foi. eu derramei mais lágrimas do que no último filme a que assistimos juntas. sabe a cena da protagonista atônita na cama, sem saber o que fazer? eu me sinto assim e o meu receio é perceber que você desejava exatamente isso, que eu ficasse desse jeito. abandonada. sozinha.

você acabou de descer a escada da minha casa levando as suas coisas, e eu já queria te escrever para dizer como tudo está me machucando. mas o que eu posso esperar de você?

eu vi a mentira na sua fala e a sua naturalidade me apavora. no meu momento mais difícil, você me mostrou o seu pior lado. isso não é amor.

eu tô chorando em velocidade tão rápida que não consigo acessar os meus pensamentos tanto quanto gostaria. tô com medo de transferir tudo o que eu vivi com você para outra pessoa, e essa pessoa pode ser, inclusive, eu mesma.

será que existe algum modo de eu *me* provar que para amar não é preciso mentir? será que eu vou conseguir me amar da forma que eu sou, quando você nem sequer tentou? não tenho dúvidas de que será um desafio, mas tô disposta a segurar esses e muitos outros por mim.

você saiu batendo a porta tão forte que eu anotei: *jamais permitir que o barulho do outro me impeça de expandir.* nenhum barulho pode ser mais alto do que a minha felicidade. você não soltou a minha mão, você me fez cair enquanto eu pedia socorro.

e agora há uma nuvem de dúvidas, inseguranças e lágrimas na minha cabeça. tem um monte de palavra presa no meu coração e saudade também. mas acho que não é saudade sua.

tô sentindo a minha falta. passei tanto tempo observando as suas mentiras que esqueci das minhas verdades.

não será fácil esquecer quem você foi, porque mesmo as suas inverdades não excluem o que eu senti, não desmerecem o meu amor. as mentiras são parte de você, elas me machucam, mas não fazem parte de quem eu sou.

a verdade é sempre um caminho para o amor. se você não quis segui-lo, eu continuo. *sem você eu aprendo mais sobre o amor do que ao seu lado.*

RESSIGNIFICAR OS BARULHOS DO PASSADO

*"O que me importa seu carinho agora
se é muito tarde para amar você..."*
O que me importa – Marisa Monte

mais um que te dedico

eu senti sua respiração nessa última noite. um segundo de devaneio e achei que você estivesse ao meu lado. despertei três vezes abraçando o cobertor, implorando que os meus pensamentos te materializassem ali. deve ser o hábito de dormir com você todos os dias da semana. um hábito que não existe mais.

ainda não me adaptei a nos verbalizar no passado. desculpa. você ainda faz parte da minha rotina. desde a hora que acordo até a madrugada, imagino você nas coisas mais banais que me acontecem. queria te ligar pra dizer que tô escrevendo mais um texto pra você. é o vigésimo que você nunca lerá.

na minha memória, seus trejeitos e gostos estão vivos. ao mesmo tempo que queria esquecê-los, quando isso ocorrer, vou ter a certeza de que passou. e deus sabe que eu não queria que você fosse passageira na minha jornada. sei que, se você continuasse aqui, eu iria me perder de novo. *e eu não posso mais insistir em caminhos alheios quando o meu é tudo de que preciso.*

queria saber por que você se foi. por que você não está aqui me olhando como sempre fazia. sabia que tem sido difícil despertar sem sua cabeça no meu ombro? nada do que eu faço pra te esquecer tem dado certo e eu juro que tô tentando.

prometi não estancar minha ferida com outra pessoa. eu preciso me curar sozinha. é uma prova de autoamor que eu vou abraçar com todo o meu coração. por mim. por todas as vezes que eu esperei algo de você quando nem eu mesma me oferecia.

*"I wish I can feel your skin
and I want you"*
Oceans – Seafret

um texto que eu não gostaria de ter escrito

estou no mesmo sofá de meses atrás escrevendo sobre você. sobre esse fim. sobre esses dias que oscilam entre a saudade e a convicção de que, juntas, não funcionamos mais. tenho evitado contar os dias, mas exatamente hoje faz um mês que não nos vemos. um mês que não recebo visitas suas.

a nossa última recordação material também se foi. o nosso último retrato. precisei colocar pra fora de casa na esperança de te pôr pra fora de mim. eu procuro formas de te expulsar da minha vida quando eu acreditei que você ficaria nela para sempre. mas é tudo em vão, porque quanto mais eu fujo, mais eu te encontro presente.

ainda não caiu a ficha.

enquanto apago essas últimas fotos, fico mastigando essa saudade sem sabor como um chiclete que a gente insiste em deixar na boca. é que eu também tenho medo de não sentir mais nada.

tenho medo de esquecer o doce da paixão, o sabor do amor chegando em casa. se você, em quem eu mantive todas as minhas esperanças, me quebrou dessa forma, como eu vou confiar de novo?

naquele vídeo em que você passa a mão no meu rosto e diz, com aquela voz tosca, que quando eu retornar pra minha casa você vai morrer de saudade, eu me questiono: o que você fez pra sobreviver nesse mês que não nos vimos?

assistir a seu rosto colado no meu foi doloroso demais. *meu coração tá despedaçado e a minha cabeça, tentando juntar esses cacos.*

eu, que me achava boa em despedidas, tô recusando o nosso adeus há muito tempo.

queria saber se você também passou por isso, se essa dor que tenho carregado é só minha. queria saber se, quando você se deita, as luzes da cidade ainda te dão esperanças. se sonhar já é tão raro que você prefere não dormir. se seu travesseiro pesa não pela consciência, mas pela minha falta. se, em uma multidão, você também me busca em um olhar e depois desvia por medo do reencontro.

queria saber se você imaginava a nossa queda.

quando eu falo sobre você, quando escrevo sobre a nossa história, não sei se é pra te esquecer ou te manter viva em mim. é muito difícil ser indiferente com quem fazia diferença na nossa vida. um lado meu implora pelo real, mesmo sabendo que ele não existe mais.

você é um rio raso demais para comportar a minha grandeza.

*"But if you loved me
why'd you leave me?"*
All I want – Kodaline

talvez você chore lendo este texto (mas isso passa, tá?)

sempre que escuto essa música, inevitavelmente, volto para aquela semana que, sem saber, eu já estava te perdendo. você estava ao meu lado, mas não estava comigo. lembro de buscar ser compreensiva com o seu silêncio, mas nada do que eu fazia parecia suficiente. e agora, dois meses depois, eu finalmente entendi o seu afastamento, mas não significa que eu concorde com as suas atitudes.

assim como diz a letra da canção, *se você gritava aos quatro cantos do mundo que me amava, por que você me deixou?* e o pior, como me partiu dessa maneira? qualquer ato meu parecia te enfurecer, e isso me corroía por dentro. doeu mais ainda perceber que *quanto mais você me machucava, mais você continuava fazendo.* e a sua consciência sobre isso é o que me assusta.

para mim, não fazia sentido a pessoa que tanto me amava, sem nenhuma explicação, se tornar a pessoa que mais me colocava pra baixo. *você tentou ofuscar a minha luz, mas esqueceu que sou solar.*

e por mais que alguns dias eu ainda demore pra levantar da cama, para encontrar forças, me alivia o fato de saber que não sou como você. eu jamais colocaria a pessoa que amo em uma trama de indecisões.

o que eu deveria esperar de alguém que passa cada segundo do dia ao meu lado compartilhando a vida, dizendo que me ama? eu não vou me culpar por ter esperado o mínimo da nossa relação, mesmo que essa seja a sua vontade.

a sua indecisão só é válida quando ela não machuca o outro, e a sua me machucou a todo momento.

"Vou viver o que o tempo quiser comigo"
Eu sei onde você está – Vanguart

este texto não é sobre saudades (mas poderia ser.)

sonhei com você na última noite. só nessa semana é a quarta vez que acordo assustada por ter visto o seu rosto – mesmo que tão distante e irreal. das três playlists que escutei, duas eram nossas. dos três últimos poemas que escrevi, quatro te dediquei. meus últimos sorrisos foram ao seu lado. minhas últimas lágrimas foram sobre você – mas agora eu tô sozinha.

e eu não sei por que insisto em pensar na sua presença, quando entre todas as coisas que você poderia me oferecer, essa foi primeira que você descartou.

e o quão covarde foi você ter me prometido o contrário.

acho que sonhar com você é uma forma de resgatar por quem eu me apaixonei. de recordar um pouco do seu jeito de andar e de dar risada. da forma como viver um amor bobo, extremamente bobo, só me parecia ser possível com a gente. às vezes entro em conflito comigo mesma, pois, enquanto vivo com as fissuras do que você me causou, ainda consigo me recordar daquela primeira vez em que você disse um "eu te amo" baixinho na esquina da minha casa.

e eu não queria relembrar nada sobre você, porque me dói saber que a única coisa que me restou é exatamente isso: *as memórias.*

sinto que com o passar dos dias essas lembranças se tornam ainda mais distantes. já não sei a ordem dos acontecimentos, de como a nossa história aconteceu. os detalhes estão se esvaziando. e o meu vazio está sendo preenchido.

esse é o fim.

"*Eu devia pensar em nada,
mas eu penso em você como sempre.*"
Querida – Chapéu de Palha

um texto sobre recordações
(no meu coração elas queimam.)

a parte mais difícil do nosso término é não conseguir, de forma alguma, acessar uma memória bonita de nós. e, por deus, como eu queria poder resgatar qualquer momento mágico entre a gente, quiçá assim eu pudesse ressignificar essa história.

a minha terapeuta fala isso, que eu preciso ressignificar quem você foi na minha vida, *mas eu queria que você ainda estivesse nela, sabe?* caio no susto da dor todas as vezes que preciso te conjugar no passado. não combinamos isso. não fazia parte dos planos que incluíam viagens de verão e uma casinha com chão de madeira e cachorros pra gente cuidar.

estou vivendo no limbo entre um passado abrupto e um presente inesperado. acordo torcendo para que alguém me pegue pelas mãos e diga, em tom alto, que tudo passou. eu preciso que isso passe. eu me recuso a aceitar que qualquer sentimento por você ainda queime aqui. você já me queimou o bastante.

não ter boas lembranças da nossa história é o meu escudo. evitá-las é a minha forma de reafirmar: *não retorno ao meu lugar de dor.* não retorno, porque caso faça isso, esqueço de mim. e eu não posso me deixar de lado – mais uma vez.

quando você volta e diz que precisa de mim, que nos quer de volta, não é necessário muito esforço para te dizer "não".

pelas minhas cicatrizes, sei por qual direção não seguir. *e você, sem dúvidas, é um caminho que eu não arrisco a volta.*

"Baby, can ya hear me?
when I'm crying out, for you."
Adore you – Miley Cyrus

a gente se perdeu
(e é definitivo.)

talvez, pior que não ver você, é estarmos no mesmo lugar, a cinco metros de distância, e a todo momento evitar te olhar. mesmo tão próximas, é como se retornássemos ao início, em que nada sabia sobre você, e nada você sabia sobre mim. porém, agora sabemos muita coisa. mas é o fim.

te encarar significaria muito mais que uma possibilidade de retorno. o que me assusta é a sensação amarga de não conseguir acessar um olhar que antes me trazia à vida e que agora me faz mal saber. vou levar isso pra terapia: *o que você se torna quando parte da vida de alguém?*

esquivar-me de você, por enquanto, também é uma proteção. é muito arriscado buscar qualquer tipo de conforto no seu rosto.

eu só preciso me lembrar de que te perdi de vista muito antes. quando, naquele último mês, comemorar mais um tempo ao seu lado significava apenas prolongar algo que já estava claro. eu já não te reconhecia e isso era recíproco.

saber da sua presença não me assusta, me causa estranheza. havia poucos dias, todos esperavam que fôssemos chegar a esse lugar juntas.

e quando me perguntam se tá tudo bem, se eu me sinto confortável em estar no mesmo local que você, não consigo pôr esse filme que me atravessa em uma única resposta.

eu não preciso te encontrar pra lembrar de você. eu ainda respiro uma atmosfera incessante de saudade sua. não é como se objetos, filmes, lugares me lembrassem você; é algo interior, que vem de dentro de mim. e esse é o tipo de lembrança mais forte.

é aquela memória particular que o meu coração fotografou enquanto você me fazia rir com alguma brincadeira. e, apesar de toda saudade, não tenho a mínima vontade de ficar ao seu lado, porque de nós eu não quero outro registro além dos nossos sorrisos. e *juntos eles não existem mais.*

"*Arame farpado que é amar*
um outro alguém."
Volta – As Baías

ferida aberta dói, mas seca

exatamente hoje faz seis meses que estou reinventando os meus dias e ressignificando as memórias para, se tiver sorte, conseguir entender o que restou de nós. precisei admitir a dor, a angústia, a saudade e até o desejo para não cruzar o seu caminho mais uma vez. e como doeu. olhar a ferida aberta, a fundo, me fez lembrar como ela brotou, mas sigo na certeza de que avistá-la foi um primeiro passo.

e mal imaginava que ali pincelaria uma nova história e nela seria impossível permanecer quem me machucava. foi bonito me perceber buscando formas de acolhimento e autocuidado. voltei a fazer aquilo que iluminava a minha rotina. também aproveitei a orla, os meus amigos e a sua ausência. a sua ausência me mostrou o quão ausente eu estava comigo, e eu não posso esperar que ninguém preencha as minhas lacunas.

talvez aceitar o que me falta seja a melhor forma de fortalecer o que me preenche. talvez aceitar o que me falta seja a melhor forma de resgatar quem eu sou.

agora me dou conta de que a sua falta sempre foi presente, desde o primeiro dia em que nos conhecemos. e, sendo assim, não há mais por que repetir esse roteiro. achei que estava te perdendo, mas, na verdade, estava me encontrando. a nossa história teve um fim, mas o que eu aprendi com ela ficou *para sempre.*

"Did you see me on TV?"
TV – Billie Eilish

estas são as últimas palavras que te escrevo

é lamentável ter apenas memórias dolorosas de quem fomos. conheço a sua face, mas não admiro o seu sorriso. sequer me recordo de rir ao seu lado. todas as lembranças que tenho de você são os gatilhos que você me causou. e eu não merecia isso – acredito que nenhum dos seus supostos amores mereçam.

na minha cabeça só existem fotos em preto e branco das suas mentiras. você não sabe o que é o amor.

você reproduz as narrativas dos seus romances favoritos e esquece de aceitar os altos e baixos de uma relação real. você só quer a parte fotográfica para mostrar a todos como é feliz. e, sempre que os momentos de intensidade passam, você termina as suas relações com a mesma displicência de quem muda um filme na TV.

pra você é apenas isso: um filme. e quem você machuca atrás das telas pouco importa.

eu já não tento mais entender o que você fez. você poderia ter me dito a verdade, e não optou por isso. você não escolhe o amor, você escolhe o que te convém. e, se naquele momento eu não iria corresponder às narrativas, era só mudar a fita.

tudo é sempre sobre você, mas uma relação nunca se constrói sozinha. qualquer rastro de individualidade te incomodava e você se tornava outra pessoa. a forma como você me reprimia não condizia com o "amor" que você afirmava sentir.

ser inteira ao seu lado nunca foi uma possibilidade. eu me podava em tudo e com todos. você me fez pensar que o meu jeito era expansivo demais, e que nenhuma pessoa iria me suportar. você me fez acreditar que foi pelo meu jeito que terminamos.

e só eu sei o quanto foi árduo apagar da minha cabeça suas mensagens dizendo "não seja assim". o que você dizia que era cuidado sempre foi controle.

desde o estilo de roupa até a minha maneira de falar eram detalhes passíveis do seu julgamento, principalmente depois do nosso término. você queria que eu soubesse cada frase em que mencionou meu nome. você queria que eu acreditasse que era aquela pessoa. mas aquela pessoa não sou eu, é você. *só você que não percebe isso.*

enquanto você buscou incessantemente formas de me machucar, eu estava decidida a me curar do que você tentou me transformar. e sinto lhe dizer, você não conseguiu e nem vai.

FAZER DO DESCONFORTO UM RECOMEÇO

*"Eu só não posso mais me ver assim
cada vez mais distante de mim."*
Antes de tudo – Liniker

um texto para o acaso

desde aquele dia que você saiu do meu apartamento pela última vez, eu passei a pensar que amar, da forma como eu te amei, era como desvendar um cubo mágico.

eu estava buscando entender o quebra-cabeça do nosso fim. e quanto mais as peças se encaixavam, mais o seu falso enredo ficava exposto. um jogo que não precisaria existir se você optasse pela verdade. isso tudo me causou medo de amar novamente.

eu tinha medo do amor porque ele tinha o seu nome. todas as minhas referências sobre o amor eram suas.

e agora, um ano depois, sei que o desamor que senti por você foi necessário para que eu me encontrasse de volta. o amor precisava renascer aqui dentro. ao me aproximar de mim, você se dissipou. foi então, quando me amei, que te esqueci. porque tudo que você me ofereceu não era amor, era posse.

e isso nunca vai durar.

JAMAIS RETORNAR PARA O QUE ME MACHUCA

*"Dai-me outro amor
que venha para me perpetuar."
Duas cores – Mombojó*

e no meio de tanta gente eu me encontrei

sabia que atrás daquele restaurante que íamos tem uma livraria com os meus escritores favoritos? eu só vi isso depois de não ter mais você. tudo o que eu procurava não estava em você e nunca vai estar em ninguém.

acabou. *o retorno é bem melhor quando é de volta pra casa.* pra minha casa. tenho recostado no banco com mais paciência. o travesseiro não tem o mesmo peso. os olhares que cruzo no ônibus contam versões que eu não leria em teus lábios.

as praias que antes me pareciam tão solitárias, para nós duas, hoje são cheias de vidas quando estou sozinha.

eu tô bem melhor aqui. as pedras do caminho? eu desviei e fiz até castelos.

eu tenho mil possibilidades na minha estrada. quero continuar vivendo essa sensação de liberdade. respiro com o cantar do passarinho e o meu amanhecer é muito mais gostoso.

obrigada por não permanecer. obrigada por ir e me deixar solta. *obrigada por ser fase, e não eternidade. eu não saberia viver sendo algo pra você, e não pra mim.*

> "Nem mais me sinto só
> quando a saudade vem
> nem lembro mais de nós
> melhor assim,
> meu bem."
> Pensando bem – 5 a Seco

não somos mais parecidas

hoje é um novo dia e o sol apareceu na janela da sala. no Uber tocou aquele álbum de Maria de que você tanto gostava. fiquei olhando para as ruas que agora possuem cores diferentes e isso tem sido encantador. a vida foi muito encantadora ao seu lado, mas prefiro ser capitã da minha.

tenho gostado de me manter longe e já não me preocupo mais com teus passos – os meus novos passos são os meus preferidos.

o verde da árvore tá tão vivo que eu nem reclamo mais do trânsito que você achava entediante. eu tenho visto tudo tão bonito, meu bem. tá um calor lá fora e meu riso brota a todo despertar. meu primeiro copo d'água tem outro sentido. outras coisas têm sentido. eu tenho sentido. que isso nunca acabe.

te perder foi significante para a minha vida. te devo uma única coisa: meus agradecimentos.

as dores que você me viu chorar não se comparam às que passei sozinha. todas me fizeram chegar até aqui.

eu não sei por quantas horas eu iria suportar as suas estranhezas. *teu adeus foi um presente que me fez dizer oi a novas pessoas.*

eu tenho visto mais filmes do que esperava essa semana. aproveitado a minha própria companhia. a minha felicidade ainda está nas pequenas coisas.

lembro de todas as vezes que te cedi algo e me frustrei por não ter feito as coisas que gostaria. prefiro desse jeitinho que me desenhei agora, as minhas curvas são tão minhas e o meu estilo é a minha cara.

NÃO SOMOS MAIS PARECIDAS

AINDA BEM

"I think you know who you are."
Call me when you hear this song – New West

esse é o texto que eu queria te escrever desde o último dia que te vi e posso dizer: consegui

estou na mesma cantina a que te trouxe a primeira vez na faculdade. eu tinha tantas dúvidas sobre mim naquela época e parecia que a minha única certeza era você. depois do nosso fim, prometi que eu mesma seria minha única certeza.

tô aqui anos depois de ter findado a nossa história. o cenário pode ser o mesmo, porém eu sou outra pessoa depois que você se foi. consegui me tornar uma mulher independente, o que, ao seu lado, jamais seria possível. não vou te responsabilizar pelas pedras que estavam no caminho, mas, por deus, como existem algumas pessoas que só nos fazem retroceder. e você sempre foi um freio para o caminho que eu sonhava trilhar.

estou escutando a mesma música que tocou aleatoriamente no Spotify quando completamos três meses separadas. olho para aquela minha versão, tão ingênua e esperançosa pela sua volta. se você tivesse voltado, como quis voltar, se tivesse ficado, como quis ficar, você teria sido mais um freio para os meus sonhos.

não desejo em hipótese alguma que você retorne, mas gosto de escrever sobre quem eu fui ao seu lado, para sempre lembrar que o problema não estava em mim – como tantas vezes você me fez pensar.

quando você exigia me acompanhar para todos os lugares, eu pensava que isso era amor. mas eu aprendi que amor é sobre liberdade, e não é preciso viver como se fôssemos um ser só.

diferentemente dos outros textos que te escrevi, este não tem rancor, raiva ou saudade – não tem nada. é indiferente. fico feliz por todos os textos que te escrevi, porque quanto mais eu te expulsava de mim, mais eu me conhecia.

estive comigo desde a hora que você bateu aquela porta gritando o quanto eu era fraca, e continuarei comigo até o fim para lembrar que não preciso de você nem de ninguém para abrir as portas dos meus sonhos.

vou caminhar com as mesmas pernas e armaduras. vou abrir o computador durante a madrugada para escrever todas as histórias que sempre imaginei.

vou fechar os olhos antes de dormir assistindo à minha série preferida, no meu apê, sabendo que o aconchego da vida começa dentro de mim.

vou ligar para minhas amigas quando o mundo falhar. vou agradecer ao universo por nunca ter me abandonado como você fez. vou abraçar o meu irmão e lembrar que o amor continua, mesmo quando você decidiu não continuar.

vou lembrar que o seu amor não era amor, era só fantasia. e, pra isso, eu sou fraca. ainda bem.

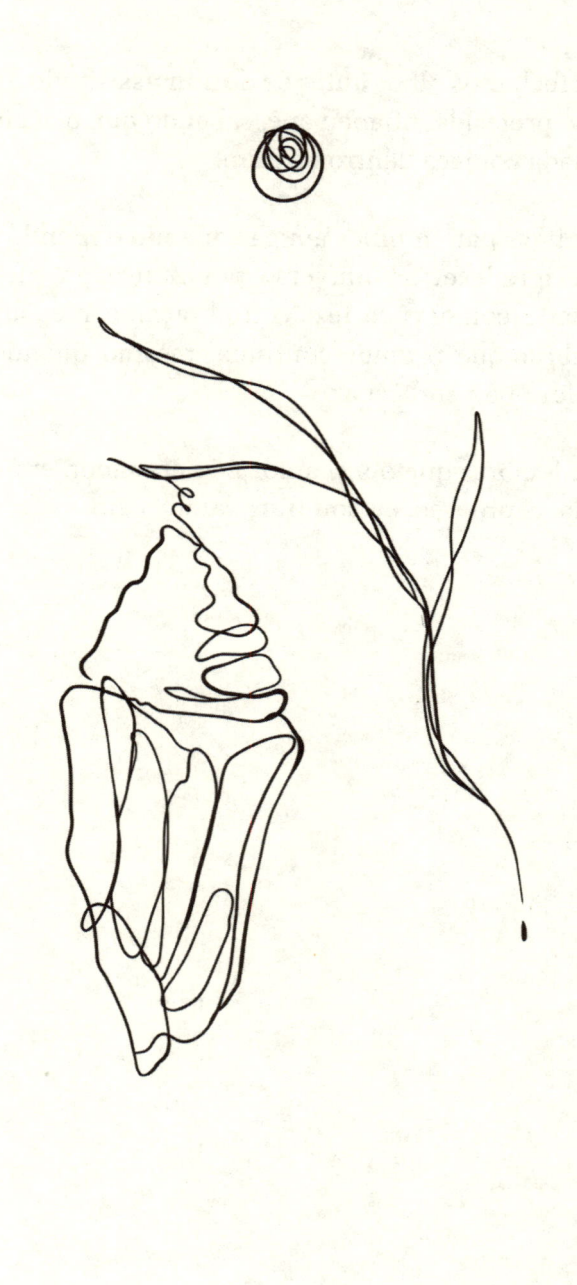

PARTE 2.

casulo

antes de desbravar o mundo, prefiro me recolher no meu. não por medo, mas por cautela. não há como querer correr, voar, quando as minhas asas estão cortadas. quero, antes de buscar o horizonte, buscar a mim. essa fase é temporária, como todas as outras, mas dói muito.

DESISTIR DE UM LUGAR É
SE DESCOBRIR COMO LAR

este texto não tem sugestão de música.
escolha a sua favorita.

um texto sobre casulos e gaiolas

tenho desistido de muitas coisas para não desistir de mim. tenho desistido dos sonhos que não são meus e das bagunças que não são minhas, para que eu possa, finalmente, me encarar. percebendo, aos poucos, que desistir do que não me veste mais – ou nunca me vestiu – é o meu ato de coragem, minha forma de dizer: essa sou eu.

e antes que alguém diga, aponte dedos e línguas, essa decisão exigiu mais de mim do que você possa imaginar. afinal, foram dias, meses e anos para entender que comigo nada havia de errado. mas que para aqueles de coração vazio, sempre haveria uma falta, uma falha. mas eu nunca fui vazia. *transbordar é algo da minha essência.*

e, como diz minha terapeuta, eu não posso mudar o comportamento das pessoas, mas posso mudar a forma como me olho no espelho.

não só posso, como devo. e devo isso por mim, sabe? por todos os dias em que minhas pernas pesaram na cama e as minhas lágrimas foram despejadas nas ruas, por todo o suor frio ao pensar nos julgamentos enquanto eu buscava ser eu mesma. e que busca incessante!

você já sentiu isso? que está em um lugar e precisar sufocar sua própria essência? é brutal. as pessoas ao seu redor podem não escutar, mas há um silêncio ensurdecedor quando cada parte sua quebra por dentro. é tão forte e doloroso que você começa a perceber que *se anular para agradar alguém é machucar a si mesmo.*

começa a entender que não se trata de criar um casulo, porque o casulo é proteção. é temporário. o que está ali é uma gaiola dentro da sua própria cabeça – e não foi você que construiu.

você precisa se pegar no colo e desfazer, pouco a pouco, os muros revestidos de medos. as frustrações que não são suas. para uma experiência ser sua, você precisa tocar, viver. e não se vive em gaiolas.

não se culpe por pensar em você, tampouco por não insistir em seguir o que o seu corpo anseia em vez do que te dizem ser o certo. não é mais sobre resultados, é sobre você e a sua felicidade. e você só consegue isso sendo *livre.*

RESPEITAR O TEMPO DAS COISAS É RESPEITAR O NOSSO PRÓPRIO PROCESSO

*"Tudo é pra aprender,
tudo é pra evoluir."*
Sem medo – Mahmundi

se a segunda-feira fosse um texto

hoje eu queria ficar bem. queria colocar em prática tudo o que eu planejei. o meu estômago tá tão dolorido quanto o meu emocional, e isso é só a ponta do iceberg. Vinte e quatro horas atrás eu estava torcendo para que a segunda-feira chegasse e eu "organizasse" a minha vida. não deu.

tô sentada na cama derramando todas as minhas frustrações. das seis tarefas do meu dia, só não fiz duas, e o meu corpo grita. queria começar a semana diferente, mas, se eu não mudar os comportamentos e julgamentos que tenho para mim mesma, a única coisa que vai ficar visível para mim é o que está incompleto.

também estou incompleta por não me permitir desmanchar. existem algumas dores que tento ignorar, mas não consigo. queria que elas fossem embora para que eu pudesse viver. mas viver no automático não é seguir em frente, é se iludir.

e viver no automático não é caminhar, é se perder.

hoje eu não consegui chegar a tempo na consulta, mas há dois anos eu nem mesmo teria ido sozinha. se eu aprendi com o tempo a me virar, posso também aprender com ele a me cuidar, a respeitar os meus limites e a minha frustração. saber que nem todas as segundas eu vou conseguir dar conta de tudo. e, principalmente, que ao definir as minhas metas, eu me lembre da importância da pausa, do silêncio e do ócio.

que a gente possa apreciar o que foi feito sem se culpar pelo que falta.

tão triste que eu nem consigo pensar em música.

eu preciso ir

eu sei que vai passar, mas alguém me diz quando? eu não aguento mais respirar pela metade. não dá pra acreditar que essas roupas vão ficar na mesma gaveta pelo resto da vida. eu quero continuar, mas não aqui. tá doendo muito.

eu sei que vai passar, mas tá difícil.

queria entrar em uma máquina do tempo só para saber se vou conseguir. qualquer sinal para confirmar que estou no meu caminho, independentemente se certo ou não. eu só não quero me afastar de mim. já fizeram isso comigo.

eu não tô bem. tenho me esforçado para fazer o básico, e não sei se é o suficiente. só não quero me render à ideia de que não consigo. e se alguém mais falar que eu tô reclamando de barriga cheia, certamente é porque não enxergam o meu coração vazio.

e eu não só enxergo, como sinto.

queria ficar livre dessa bagunça. levantar com uma outra vida que não fosse essa.

tenho me visto minúscula. mesmo batalhando, esse ponteiro não avança. será que já avancei alguma coisa?

eu não sou do tamanho que me vejo, mas, com tanto peso e responsabilidade nas minhas costas, eu quase não me enxergo.

antes de ver os meus olhos, eu vejo o meu medo. antes de contemplar a minha face, eu busco os meus traumas. antes de ver a minha potência, eu vejo a minha fragilidade. e eu não sou apenas o que me machuca. preciso descobrir quem eu sou, de novo.

quem batalha tanto assim não é minúscula. só lamento por não conseguir enxergar isso em mim agora.

desejo me ver da mesma forma que te vejo: grandiosa. que você consiga, e eu também.

"Tá difícil ser eu sem reclamar de tudo."
Nuvem negra - Gal Costa

leia sempre que possível

acho que não sei como me perdoar. nem como começar. não sei. queria mesmo era poder me pegar no colo e me abraçar a ponto de não sentir a correnteza dos dias pesados. desenrolar esse nó que começa no peito e se dilata na garganta.

queria encontrar essa força interior de que tanto falam. mas, quando me forço a isso, esqueço que também sou composta de cacos – e até hoje alguns deles me rasgam inteira. com suas pontas pequenas, mas afiadas, tocam em feridas que eu acreditava ter esquecido, mas que só tinha aprendido a sufocar melhor.

mas uma hora a gente cansa de respirar pela metade. preciso me perdoar por ter acostumado o meu corpo à dor e respeitar tudo o que eu vivi para chegar até aqui. só eu posso fazer isso por mim.

a gente aprende a perdoar pai, irmão, amigo, mas nem sequer sabe como dizer uma só palavra de perdão e agradecimento a nós mesmos. quando é com o outro há sempre mais urgência, mais necessidade. e o quão urgente não é você se olhar hoje e se desculpar?

e não é se perdoar por ter errado, é *se perdoar por acreditar que sempre precisa acertar.*

culpar seus caminhos de anos atrás só te impede de trilhar os novos com afeto. e é isso que você se deve: amor e perdão. é injusto não oferecer isso à única pessoa que fica com você vinte e quatro horas por dia.

não se esqueça: *cair não te faz qualquer outra coisa senão humano.*

> "Não é fácil
> não pensar em você
> não é fácil
> é estranho."
> Não é fácil - Marisa Monte

um texto para um amor desconhecido (quem somos agora?)

é óbvio que eu me lembro de você. não como antes, mas lembro. alguns detalhes já são borrados e, por ora, quando você surge em uma memória, eu me questiono: pelo que eu me apaixonei? o que você fazia que me deixava assim, meio mole, toda apaixonada?

eu me lembro da nossa trilha sonora. sei a sua música preferida, seu almoço favorito, mas não lembro o que sentia. aquele sentimento avassalador do início ficou para sempre perdido no começo da nossa história. uma história que a gente prometeu que não teria partidas, e olha onde estamos.

se vejo um retrato teu ou escuto tua voz, nada reverbera aqui. é um lugar que apenas um amor esquecido ocupa. Porque, em mim, *você é um amor esquecido que eu não quero conhecer de volta.*

talvez seja por isso que eu me lembre de você. lembrar de como você realmente era me faz ter certeza de que esse é um lugar que eu nunca retornaria, pois é onde eu não posso sequer existir. *e qualquer lugar onde não posso ser inteira não é um lugar que me cabe.*

você gostava de me ter em fragmentos, porque era assim que você me segurava. me fez confundir proteção com violência quando ter dito a verdade era a sua única responsabilidade.

às vezes, acho que nunca te conheci.
em outras, tenho certeza.

NÃO APRESSO A MINHA CURA, APRECIO A MINHA TRANSFORMAÇÃO

Nem música, nem título. Ansiedade.

minha cabeça está em velocidade máxima. meu coração palpita. minha respiração está ofegante. eu não sei o que está acontecendo. quer dizer, eu até posso saber, mas já não sei se tenho mais forças para elaborar nada. queria, de vez em quando, ser um barquinho para me afastar da ilha e encarar as minhas ondas. tão minhas que alguns movimentos só eu consigo compreender.

a fala sem ânimo, os pensamentos apressados, a vista opaca e a sensação infinita de estar dando voltas no mesmo círculo. a minha cobrança em sair desse lugar não só me paralisa, como me impede de perceber o quanto eu tenho avançado.

que a cobrança para sair do lugar não me impeça de enxergar o quanto eu caminhei.

meus pensamentos catastróficos fazem isso comigo. me colocam em um lugar em que falta ar e falta coragem e, dessa forma, eu só paro. respiro fundo, buscando o ar na esperança de esvaziar tudo o que me trava.

são muitos pensamentos seguidos, alguns – tantos – nem são verdades, são só a ansiedade fazendo visita e eu reforçando para que ela faça morada.

que a cobrança para sair do lugar não bloqueie o meu próximo passo.

é tanta coisa por dentro, tanta palavra que eu sinto exatamente cada batida do meu coração confuso. a vontade é de pegar esse novelo que impede a passagem de ar e desfazer, nó por nó, até entender por que alguns dias eu não tenho a mesma vontade de viver quanto antes. mas eu só vou conseguir compreender o que me machuca quando eu aceitar a minha ferida.

às vezes é necessário libertar lágrimas antigas para caminhar. deixar correr as intrigas, a desordem, para não esquecer do que é real.

"Escrevo como quem manda cartas de amor."
Cananeia, Iguape e Ilha Comprida – Emicida

um texto para quando faltar ar

querida leitora, escrevo isto após sucessivas crises de ansiedade. após meus pés esquentarem e a minha cabeça formular nove pensamentos catastróficos em questão de segundos. após minhas pálpebras tremerem e os meus dedos também. tudo isso simplesmente porque não realizei a última tarefa do meu dia. apenas uma da minha lista. era a única que faltava e eu não consegui. pelo menos, não naquele dia.

mas é que tem sido tão difícil, sabe? cumprir coisas quando meu corpo só precisa de descanso. e eu sei que às vezes eu só preciso lembrar que não conseguir fazer algo em determinado instante nada diz sobre a minha capacidade. as coisas precisam de tempo e eu também.

é como se meu pensamento ficasse preso ao "não feito" e esquecesse de apreciar as tentativas. *é tanta apreensão para dar conta de tudo que às vezes esqueço de tomar conta de mim.* e com os últimos acontecimentos, se não oferecemos um pouco de atenção às nossas angústias, começamos a pensar que nós somos elas também.

acho que o mais importante é lembrar que a vida não vai desmoronar caso você não faça algo hoje. a vida sempre continua. e não fazer nada, se permitir ao sossego, é essencial pra gente continuar também.

entender que, enquanto você descansa, nada está parado, tudo está acontecendo e tomando forma. afinal, a quietude é um território de encontro, e quando a gente se encontra, tudo o que precisamos fazer se torna minúsculo.

quando não der, pare um pouquinho. olhe em volta, mas perceba o que acontece no seu interior. a gente precisa tomar cuidado para que uma lista não se torne mais importante que o nosso respirar. organizar é necessário, mas só vale se organizar por dentro também.

FICAR BEM É UMA
LUTA DIÁRIA

"Eu tenho que pensar
se eu quero mesmo que essa dor
exploda e morra e renasça."
Um e meio – Tuyo

um texto sem nome
(mas com endereço: é pra você.)

sabe quando você já perdeu o interesse em desabafar? você até desconfia onde começa a ferida, mas não quer mais dizer o quanto ela te rasga. sabe quando você nem aguenta mais falar sobre o que te machuca, pois é como se cortar novamente?

e tem um pouco – ou muito – de medo envolvido por saber que, talvez, seja apenas conversando que você consiga estancar as suas aflições. e, ao mesmo tempo, pensar que todos estão cansados dos seus desabafos.

é como se estivesse tudo ali na ponta da língua, só esperando alguém que note e queira te ouvir. ou somente um abraço tão apertado que seja capaz de espremer a sua própria dor por um instante.

como pedir ajuda quando se tem medo de ser ajudado? se ganha alguma coisa não sendo vulnerável?

às vezes ecoar um "tá tudo bem" é quase um pedido de socorro ao universo para que as coisas realmente fiquem.

quando você cresce, parece que se abrir e guardar as armaduras é estar retrocedendo. há sempre quem diga "enxuga essa lágrima" e por ter guardado tudo, há tanto tempo, você até esquece como usar da palavra para pedir cuidado.

a gente permanece na sede do desabafo só por medo da vulnerabilidade.

é muita coisa que acontece entre o caminho do coração até a boca. se a gente não externalizar os nossos sentimentos, seremos sempre engolidos pelos nossos medos.

quantas vezes você já se escondeu de si?

temos medo de assumir a nossa fragilidade, de nos vermos como sujeito que vibra, palpita, sofre, mas também se regenera. e a linguagem é caminho para isso. *desabafar consigo mesmo também é cura.*

falar sobre a gente – seja pela alegria, seja pelo desalento – é ressignificar as nossas vivências. não deixe para depois aquela conversa. talvez seja ela que vai te oferecer o ponto-final que você tanto procura. contar sobre o que arde, mesmo que seja de você para você, também diminui a chama.

*sempre esbarro em mim como se fosse a primeira vez,
todo dia me encaro e encontro um novo desejo brotando,
algo que eu amava partindo e coisas que eu não queria
lembrar, retornando. se conhecer não é fácil, não é simples,
mas é ainda mais difícil habitar o irreconhecível.*

"Há perigo na esquina."
Como nossos pais – Elis Regina

nem sempre silêncio é calmaria

"isso é drama." eu gostaria mesmo que fosse. não sei se o drama tem esse sabor amargo que fica preso na garganta. às vezes mais forte, às vezes mais tênue, mas sempre aqui. se fosse apenas drama, você não acha que eu já teria levantado da cama e renascido com um banho? se fosse drama, essa noite eu não teria embalado meu sono em uma mistura de lágrimas e angústia. se fosse drama, não seria recorrente.

qualquer pergunta sobre a minha inércia me irrita profundamente. eu não gosto de estar aqui. quando digo que não estou bem, eu não quero uma palavra motivacional. eu quero me sentir acolhida.

e, ainda que eu tente explicar, sempre tem alguém para me dizer como devo agir. e essa necessidade em dizer o que devo fazer, antes de me escutar, é o que me cansa.

eu aceito o conselho, mas receba de braços abertos as minhas palavras.

só eu sei o quanto me custa colocá-las para fora.

em vez de me perguntar como estou, por que você não coloca aquela comédia boba e comemos uma pizza? eu sei que eu não tô bem, mas, aqui, o óbvio nem sempre vai ajudar. *eu quero o simples.*

às vezes não é drama, é falta de afeto.

"But it's okay
I will be okay."
I will be okay – Mimi Bay

para ler em dias frios

faça sol ou faça chuva, a ansiedade sempre me manda um recado. nem todos são verdades, mas estou sempre acreditando. só de ouvir a palavra ansiedade já entro em uma montanha-russa de sentimentos, onde não há cintos nem travas, e a qualquer momento eu posso cair.

a ansiedade me bambeia até quando eu preciso estar firme.

queria saber como ela sabe o dia e o horário exato para fazer ronda. não é uma visita que pede licença para passar. a ansiedade fecha a porta e pede que eu fique. pode ser um café com uma amiga, um passeio com meu irmão, uma ida ao mercado, tudo é desafio quando o seu coração acelera e a sua cabeça produz uma catástrofe atrás da outra.

tô triste por estar triste. hoje é uma quinta-feira e eu queria ter aproveitado pra colocar as coisas no lugar. *mas não é simples arrumar o externo quando o interno é só barulho.*

por mais que a ansiedade seja dolorosa e, por vezes, perversa, não quero que ela se torne aqueles personagens maldosos dos desenhos animados. ela é grande, pesa, mas não define o meu tamanho.

quero sentir que além dela existem muitas outras coisas que entram pela minha porta e ficam. tem o amor dos meus amigos, tem os livros que li, tem a minha escrita e tem eu, *imensa.*

por hoje, vou fazer da ansiedade apenas visita. tô indo e espero que ela se vá. caso ela volte, que seja como borboletas na barriga, não como sombra.

"Eu quero saber me querer."
A sombra – Pitty

não é irônico pensar que eu desejo a todos felicidades, menos a mim?

estou acostumada com a tristeza. independentemente da intensidade, quando ela vai chegando, dando sinais ao meu corpo, é como se automaticamente minha cabeça dissesse: estamos voltando ao terreno conhecido.

não digo que não sou feliz, pois acordo procurando o raio de sol que ilumina a minha janela. mas se passo muitos dias sem sentir algo parecido com uma lágrima escorrendo, me autossaboto: você não merece isso.

e repito: eu sou feliz, mas não estou acostumada. às vezes me pego presa a histórias já superadas só pra reencontrar a melancolia, como se, de alguma forma, retornar a esse lugar de luto reafirmasse a ideia de que a tristeza me pertence.

a maneira como fico buscando o que é triste e desastroso na minha vida é um sintoma que só a ansiedade e a depressão podem explicar. e se você passa por isso, eu te acolho:

a tristeza não é o seu lar. o terremoto não é o seu nome. assim como os dias oscilam, as suas emoções também vão passear entre altos e baixos. e quando você chegar naquela onda baixinha, não pense que tudo está perdido. esse dia é apenas um lugar raso para se derramar sem se afogar.

esse dia raso é um dia seguro para transbordar. esse dia raso é pra aprender a mergulhar.

mesmo que sua cabeça grite que você não merece ser feliz, respire. ser feliz também é a sua realidade palpável. ouça o sussurro do seu coração. você não foi feita para permanecer no raso. ele te ensina, mas não te define.

que você possa mergulhar nas águas da felicidade ao se lembrar que tudo é passageiro.

é oscilação, não é casa. *o dia é raso, mas você não.*

> "Sofrer sem precedente
> é coisa inconsequente."
> Paiol – Elisa Fernandes

o trecho da música já diz

quando não me preocupo muito em saber como as coisas vão acontecer, permito que elas tomem forma por si próprias. e isso, por si só, já é uma grande vitória contra a ansiedade. às vezes, o meu pensamento fica tão agarrado ao que não foi feito que esqueço de contemplar as minhas tentativas.

a ansiedade é tanta que, ao chegarmos lá, a felicidade é frenética, mas o que dura e permanece é a autocobrança.

você se foca tanto em escrever os seus objetivos que esquece de aplaudir as linhas que já se esforçou para pintar.

todos ao seu redor recebem os seus agradecimentos, mas o que você tem se dado além dessa pressão desnecessária?

acordar, escrever suas metas, enviar aquele currículo, enfrentar as ladeiras da rua, dizer não, sentar-se na beira da praia e torcer pela vida, mesmo com as tristezas que nos invadem, são demonstrações dignas de comemoração.

lembre-se do rio que corre dentro de você e agradeça. é só colocar aquela música que faz tudo desaguar pelo seu rosto e as bochechas ficarem vermelhas.

só você sabe como foi correr por aquelas ruas depois de uma semana turbulenta, como foi abaixar a cabeça no ônibus pra ninguém te ver chorando.

só você sabe como é difícil acreditar sozinha quando ninguém está te apoiando.

não é justo questionar qual é o seu próximo passo sem antes dizer um "obrigada" a si mesma. eu sei que, por medo de os movimentos fugirem do seu controle, você tem a sensação de que vai se distrair e precisa acelerar o tempo. *mas gesto de amor-próprio não se otimiza, se oferece.*

te faço um convite: descanse seus olhos, coloque a sua música favorita e se agradeça. qualquer que seja a fase da sua vida, quantos momentos só foram possíveis porque você tentou? e agora é a sua hora de ficar e se agradecer.

NÃO FAZER COMIGO
O QUE OS OUTROS JÁ FAZEM
— JULGAMENTOS

*"De repente a gente vê que perdeu
ou está perdendo alguma coisa."*
Poema – Ney Matogrosso

o que me resta é te lembrar

sinto muito por todas as vezes que você pensou que a culpa era sua. sinto muito por todas as vezes que você se nomeou como erro. sinto muito por todas as manhãs que você se proibiu sentir. sinto muito por você não ter visto sua força. sinto muito, e por isso quero que você sinta também: você não está sozinha.

tudo o que você tem feito é tentar, e se você não enxerga isso, eu me disponho a fazer esse ato de gentileza por você. afinal, é isso que você merece.

me preocupa você buscar tanto essa gentileza nas outras pessoas, porque, mesmo que receba o abraço mais apertado do mundo, nada vai estancar se você mesma não se oferecer conforto.

você se cobra para fazer as coisas, mas forçar um corpo cansado a agir é ser perversa consigo mesma. não repita a mesma pressão que a vida já faz com você.

do que adianta o seu dia passar tão rápido se por dentro você se quebra na mesma velocidade?

e antes que você pense que estas palavras são apenas para você, admito que também são para mim.

eu tenho me cobrado de forma tão automática que quando falho penso que não tenho mais solução.

eu não sou uma boneca. eu erro. mas quando cometo erros estou disposta a aprender, não preciso ser cruel comigo. por hoje, serei doce com as minhas falhas. serei mansidão, e não cobrança. *sou corpo antes de ser máquina.*

RESPIRAR O SILÊNCIO DO CORPO

Se escute.

um texto azul da cor do mar

escrevo para muitas pessoas. escrevo sobre as mágoas antigas, sobre as dores alheias – que também são minhas –, mas tenho fugido daquilo que também pulsa e deixa a minha cabeça confusa. de vez em quando me pego pensando: *será que só dói em mim?*

antes de qualquer coisa, gostaria de salientar que não estou escrevendo este texto para ter respostas, estou escrevendo para lembrar que eu também sou uma resposta – assim como você também é o seu próprio caminho.

quando algo dói aqui, gostaria que outras pessoas notassem as minhas feridas. não sei pedir ajuda, então se, em alguma fresta, alguém notar esta minha lágrima, seria um excelente modo de encontrar o suporte que tanto busco. eu só não posso esperar que isso sempre aconteça. não posso esperar cuidado externo quando o interior não acontece.

o cuidado do outro nunca será suficiente se o seu por você não for presente.

eu busco muito ajuda no outro, mas o outro também precisa *se* ajudar e nem sempre há tempo para o encontro. porém, sempre é tempo de escutar a si mesmo.

e, cá entre nós, também fujo de mim. é que comigo, entre mim e o espelho, a conversa me parece mais dura, não posso contornar as palavras, muito menos a vergonha.

preciso aprender a me acolher da mesma forma que acolho o outro. quem sabe assim eu também entenda que algumas dores minhas somente eu saberei abraçar. e isso não me faz sozinha, me faz amada.

queria ter certeza de tudo sobre mim, isso não existe para lembrar: nenhuma certeza é estática.

quando os pensamentos ficam muito bagunçados, eu sei que uma ligação pode funcionar, um café com uma amiga pode dar certo, mas tem horas que estar no meu quarto, sozinha, escutando música, pode ser do que eu realmente preciso para ficar bem.

pensamento é poeira que assenta pra dar caminho. ao escrever este texto me abracei e soube que era isso que o meu corpo gritava: *momentos a sós.* talvez seja isso que o seu queira também.

*"I'm in love
with my future
can't wait to meet her."*
My future – Billie Eilish

reticências...

tenho uma crença limitante frustrante de não merecimento. todas as vezes que chego em um lugar que sempre sonhei, sinto uma alegria repentina, mas não duradoura. me esqueço do quanto andei, corri, caí, parei, estagnei no caminho, esqueci a rota, e dei voltas no mesmo ponto, para chegar aonde estou. mesmo que esse lugar não signifique nada para ninguém, para mim, ele é muito.

eu só queria saber por que faço isso comigo. por que mesmo sabendo que, dentre todas as pessoas, eu sou a única que vou estar comigo vinte e quatro horas, ainda assim, eu duvido do meu valor, da minha capacidade? tenho um pouco de medo, confesso, em vibrar pelos acontecimentos com receio de cair novamente. eu sempre acho que vou voltar ao vazio e, para não me iludir, mantenho os pés fincados no chão.

mas quando você enfrenta várias armadilhas da vida, sabe que são poucas as coisas que nos enganam, e é bom e necessário celebrar. *vibrar pela chegada, mas não esquecer o percurso.*

desejo seguir assim.

comemorar as conquistas que eu lutei para alcançar não me torna ingênua, mas sim alguém que reconhece o seu esforço. mesmo com os pés no chão, quero, pelo menos por um minuto, voar sentindo que, finalmente, estou chegando aonde sempre imaginei – ou até mais longe. é uma beleza da vida acreditar no percurso, temer as pedras, se apoiar nos galhos, e sempre continuar, como uma melodia de música sem fim.

e, sim, eu vou cair novamente. mas vou correr, caminhar, pausar, fazer o curativo, aprender de um jeito novo, como todas as outras vezes.

vou celebrar os passos que dei no escuro quando ninguém via luz nos meus sonhos.

é o destino...

"*We'll do it all*
everything
on our own."
Chasing Cars – Snow Patrol

nessa bagagem só tem saudade

o céu tá pouco estrelado, e hoje são as luzes do prédio que iluminam essa cidade. em cada janela, uma televisão ligada, um celular tocando e um chuveiro na temperatura máxima. na cozinha, um macarrão instantâneo e um suco de laranja. na hora do banho, a playlist é a de novidades para descobrir uma boa música nova. e, antes de dormir, um asmr de alguém desconhecido para cairmos no sono. amanhã, começa tudo de novo.

você já não sabe a data exata em que saiu da casa onde nasceu; se alguém questionar, você chuta uns bons anos.

são nessas perguntas aleatórias que você percebe como o tempo tem passado rápido e você não se deu conta.

parece que foi ontem. mas ontem foi mais um dia corrido em que você não se lembrou do quanto tem se dedicado desde o dia em que saiu em busca dos seus sonhos. ontem foi mais um dia corrido em que você se esqueceu da sua coragem e da sua força.

ontem foi um dia em que você não lembrou do adeus que seu pai acenou na porta de casa falando: "agora, pra voltar, vai ser difícil". seu pai estava certo.

eu sei que é árduo falar de caminho. a solidão de seguir com algo que só é possível distante da casa de quem amamos é uma saudade que não cessa.

às vezes você tem vontade de voltar, mas sabe que não é a hora. quando saímos em busca dos nossos sonhos em outro lugar, é uma mistura de sentimentos. é como um céu estrelado cujas estrelas você não sabe identificar. vem tudo misturado, e a constelação do medo também nos acompanha.

mas, quando você se fixar nessa janela e se assentar na solidão, que você se lembre da sua coragem.

talvez as pessoas para quem você deu tchau com a mão tímida nem estejam mais presentes, nem estejam mais em sua vida, mas você está. e a sua coragem em desbravar territórios desconhecidos é a prova de que você é a sua própria estrela.

quando o céu ficar opaco, se faça como sol. quando o céu estiver cinza, se faça como nuvem e derrame. quando o céu anoitecer, se faça estrela e brilhe.

você não é egoísta por ter colocado aquela mala no ônibus e seguido. você não deixou ninguém para trás. inclusive, você soube se colocar à frente. isso é coragem.

quando a saudade bater, quando a solidão rodear, jamais se esqueça da sua coragem em se escolher. você não é a cidade onde você mora, você é o sonho onde o seu coração palpita.

ouça.

ATENTAR À POTENCIALIDADE DOS PEQUENOS GESTOS

"*Um sorriso ainda é a única língua que todos entendem.*"
Principia - Emicida

um lembrete ao meu eu do passado (obrigada por acreditar.)

com os últimos acontecimentos da minha vida, acho que seria muito injusto não retornar aqui para te declamar, em tom firme e pulsante, os meus sinceros agradecimentos. afinal, enquanto minha cabeça apenas somatizava as dores do mundo, você me acolheu. me segurou como uma mãe que carrega um bebê indefeso no colo, porque sabia que, naquele momento, eu me sentia como uma criança, mas sem o brilho no olhar.

você constantemente desviava do nosso reflexo no espelho, temendo as suas – *nossas* – fragilidades. mas, honestamente, acho que foram esses momentos que nos mostraram: *ninguém é só fortaleza.*

é incrível perceber como, em um espaço de tempo tão curto, aprendemos tantas coisas que nem mesmo pensávamos ser essenciais. e o que mais me alegra é saber que você nunca me soltou. mesmo quando a escuridão da noite se mostrava tentadora, você aguentou firme comigo. quando ninguém mais compreendia as minhas feridas, você olhou com atenção para cada uma delas.

só o seu zelo enquanto eu criava diversas ideias na minha cabeça, durante uma tarde qualquer, foi o suficiente para que eu pudesse seguir. quando você me permitia sonhar, era mágico. mas quando você acreditava em mim, era inexplicável.

você me contaminou com esperanças, mesmo sem saber.

quando recordo das longas semanas de pensamentos intensos, que nem um desabafo dava conta, eu sei que tudo era um desejo de transformação, de mudança. quando eu lembro de você respirando fundo, buscando uma saída no meio do turbilhão, vejo que essa jornada se tornou muito mais sobre a gente do que sobre as coisas que queremos conquistar. isso daí é uma mera consequência.

como eu escrevi naquela madrugada de muita agonia: "*me interessa saber os meus porquês*". o que vem depois é apenas a concretização.

e nada se concretiza sem antes estarmos preparados. então, continue tendo calma. continue buscando saber os seus porquês. quantas vezes for preciso, te lembrarei que nada foi em vão. até os retornos para os espaços de dor nos ensinaram, e esse aprendizado não se finda.

a sua paciência sem fim salvou a nossa vida.
a sua gentileza sem fim salvou os meus sonhos.
as suas tentativas sem fim nos trouxeram até aqui.

obrigada.

O RISCO DE
SE MOLDAR
PRA CABER EM
ALGUM LUGAR
É ESQUECER SUA
PRÓPRIA FORMA

"Cada um sabe a dor e a delícia de ser o que é."
Dom de iludir – Caetano Veloso

este texto é um autopedido de socorro

"você não precisa provar nada pra ninguém." é a décima quinta vez que essa frase ecoa na minha cabeça em menos de vinte e quatro horas. e especificamente hoje ela me tocou de uma forma inusitada.

por mais que eu compreenda que não é necessário provar nada pra ninguém, muitas das minhas tentativas ainda estão condicionadas a isso. quanto mais eu tento me validar perante a opinião do outro, mais eu percebo: *provar também é sofrer.*

conforme o tempo passa, mesmo você dando o máximo de si, para algumas pessoas, nada do que você faz é suficiente. elas buscam o seu esgotamento porque estão *vazias de si.* essas pessoas podem, inclusive, compartilhar o mesmo lar que você.

e, se você espera alcançar afeto enquanto tenta provar algo para alguém, você só está tornando o seu caminho mais perverso pra si mesmo.

eu até posso transformar a opinião do outro sobre mim, mas é mais especial transformar o que eu sinto a meu respeito. cada um sabe o que suporta no íntimo para enfrentar suas batalhas, e essa, de provar algo para alguém, eu dispenso. que esteja ao meu lado quem acredita nos meus caminhos por amor.

mesmo que não seja fácil, o que você faz pensando em você – porque é bonito demais pensar em si – é mais importante do que tentam te impor. isso não te torna egoísta, te torna consciente do que vale ou não as suas tentativas.

aceitar o que dizem ser melhor pra você
não impede que o seu desejo continue vivo.
você precisa se perguntar:
"se eu sigo apenas o que me dizem
eu ainda estou viva?".

SER GENTIL COM O OUTRO
NÃO SIGNIFICA ANULAR
A SI MESMO

"Não adianta chamar
quando alguém está perdido
procurando se encontrar."
Ovelha negra – Rita Lee

valeu, Rita

estou te decepcionando. isso me machuca. mas não posso – e nem desejo – voltar atrás. estou assumindo os conflitos externos. não aguento mais o tormento da minha cabeça. por isso, vou resistir a essa guerra. só não sei como.

quem disse que não é possível lutar chorando? a minha armadura é o meu autocuidado. apesar de parecer poético, eu não queria que fosse assim.

só estou te decepcionando porque eu não posso mais mentir para mim mesma. não posso mais fingir que está tudo bem.

o que eu fiz até aqui foi me machucar para blindar as pessoas que eu amo. e agora eu só tenho os cacos.

estou te decepcionando para poder juntar cada pedacinho e me recompor, pela primeira vez.

você não faz ideia do quanto dói. são muitas pontas afiadas juntas, todas apontadas para mim. eu aceitei esse lugar porque eu não queria decepcioná-la. mas já entendi, eu não vou conseguir agradar todo mundo.

é intragável viver assim.

preciso pegar uma borracha e apagar as idealizações que não são minhas. só quero caminhar com as minhas pernas. perambular o mundo do jeito que eu acredito.

eu sei que você não vai aplaudir, mas eu não vou me culpar. estou decidida.

finalmente tenho a coragem de decepcionar as pessoas que eu amo. sinto muito que você não tenha tido, e esperava que eu fosse fazer o mesmo.

mas eu não quero repetir a sua história. eu quero fazer a minha. te desejo coragem. ainda há tempo.

"Preciso amar sabendo
sabendo que às vezes só eu só e só
preciso amar eu só
que é só que só me encontro dentro."
Crer-Sendo - Castello Branco

eu tenho um recado pra você

bom, desde que nos conhecemos tenho te observado falar muito sobre o outro, cantar sobre os amores perdidos e as possíveis paixões breves. mas, e sobre você?

sinto falta de te ver falando de qualquer coisa que seja unicamente sua – qualquer pedacinho seu. qualquer coisa que não te faça esquecer do seu sorriso. qualquer coisa que esteja vibrando por dentro.

eu não sei se você lembra, mas ano passado você afirmou diversas vezes que não iria conseguir. que continuar não era uma possibilidade palpável. que você estava no limite e desistir era a sua única opção.

e, agora, olhe só para você.

eu sei que, assim como antes, alguns dias – muitos, na verdade – ainda permanecem sombrios e fartos de desesperanças. *e como eu posso te fazer lembrar que você não é os seus dias ruins?*

as marcas existem, muitas cicatrizes ainda te ferem. ainda assim, *você não é as dores que os outros te causam, mas pode ser a casa que acolhe.*

você agradece muito às pessoas por terem ficado, mas já reparou no fato de você nunca *se* abandonar? na forma como você acorda buscando o lado do sol? e que, quando a tristeza vem, você faz sala e conversa consigo mesma?

no dia a dia, quando você encosta a cabeça no travesseiro e todo seu corpo pede alívio, é você e você. e eu me recordo do seu pedido de força ao universo. me recordo das lágrimas engasgadas. *e como eu posso te fazer lembrar que desaguar também é necessário? que isso não diminui a sua imensidão?*

ser imensa também é reconhecer as próprias fragilidades.

você tem sido o seu próprio refúgio, e quando eu te vejo com os olhos pequenos, com a fala cortada, o meu único desejo é segurar a sua mão e te recordar dos dias doces e mansos. mas, se faço isso, estou privando você da melhor sensação: se perceber crescendo.

por isso, deixo aqui o meu lembrete: respeite o seu tempo. comemore incansavelmente as suas alegrias, porém não esconda – principalmente de si mesma – as suas lágrimas. elas também te fortalecem. não há nada de errado com a sua trajetória. não há nada de errado em se escolher. já percebeu como todo o seu corpo comemora quando você se escuta?

a maior certeza da sua vida é você,
e essa é a melhor de todas.

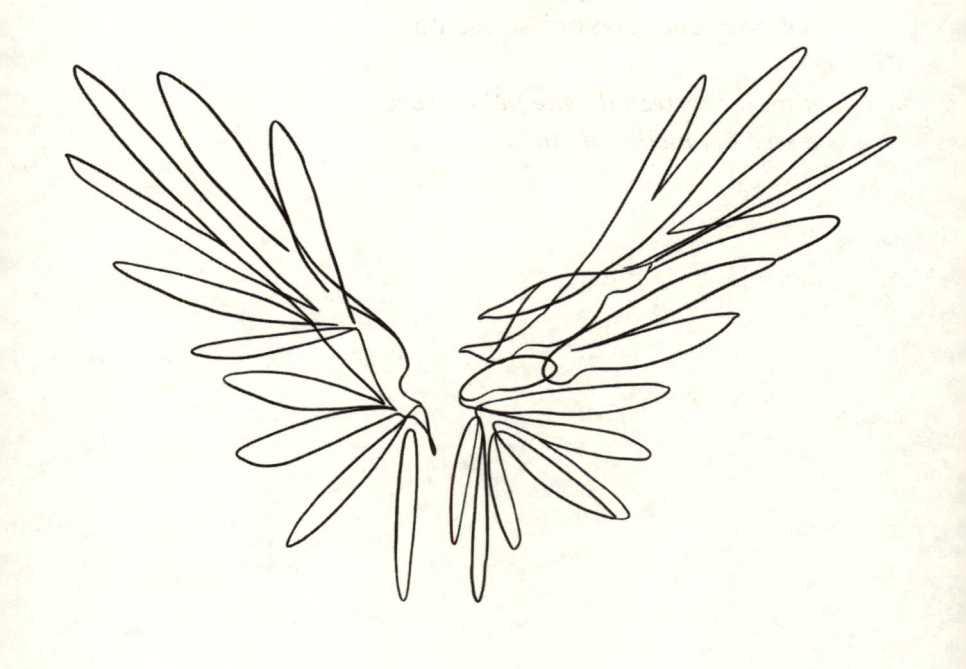

PARTE 3.

asas

aceitar quem você é, quando todos te dizem para fazer o contrário, é um ato de coragem.

nem sempre os espaços que frequentamos ou em que crescemos estimulam a nossa individualidade. algumas pessoas vão torcer para que você se torne um fantoche. algumas pessoas vão esperar de você não a sua felicidade, mas a sua submissão.

sonhar foi a minha forma de fugir da gaiola em que me colocaram. sonhar, por muito tempo, foi o meu único momento de existência completa.

e como foi especial ter imaginado tantas coisas pra minha vida antes de dormir. entre um devaneio e outro, fui percebendo o quanto aquela gaiola arrebatou o meu lado mais belo e criativo. e eu não queria perder o meu melhor. eu queria sonhar, mas um dia isso não me bastou. e, por não me bastar, estou aqui não mais sonhando, mas realizando.

eu sempre esperei por esse momento.

A URGÊNCIA APAGA A ADMIRAÇÃO PELO PROCESSO

"Maybe, sometimes
we feel afraid, but it's alright."
Put your records on – Corinne Bailey Rae

um texto sobre asas
(para quando você tiver medo de voar.)

enquanto escrevo este texto, em uma quarta-feira, com um raio de sol iluminando a minha pele, penso que se, há seis meses, um passarinho me contasse que eu iria sorrir outra vez, sozinha, eu jamais acreditaria.

se um passarinho me falasse baixinho que eu não precisava sentir culpa por não estar bem, eu daria as costas para ele – assim como estava dando as costas para mim mesma.

se um passarinho escrevesse no céu que eu iria conseguir, eu iria me despedaçar instantaneamente – assim como todas as vezes em que me despedacei comigo mesma.

acho que, no fundo, eu fui o meu próprio passarinho, porque mesmo quando as coisas estavam confusas e incertas, tudo o que eu busquei fazer foi não desistir de mim.

e hoje, nesta quarta-feira qualquer, enquanto escrevo este texto, respiro o alívio que meses atrás me parecia inatingível. um conforto que me parecia só ser possível rodeada de outros. amo partilhar a vida ao lado dos meus, mas amo também o conforto da minha própria companhia.

quando agora consigo me abraçar e sorrir, percebo que diante de tantos dias vagos e caóticos, *estar comigo não é o que me resta, é o que me transborda.*

o meu passarinho é a minha intuição. é o sussurro que me diz: *se pulsa por dentro, apenas continue.* não há por que duvidar das minhas escolhas, quando a melhor eu já fiz: me escolhi.

*"Vou mostrando como sou
e vou sendo como posso."*
Mistério do planeta – Novos Baianos

um texto sobre acolhimento

hoje é um dia, depois daqueles dias em que tudo estava meio confuso, e agora, aos poucos, a vida se torna possível. é um dia, depois de tantos outros, em que despertar já não é mais tão pesado quanto tentar dormir após horas de insônia. hoje é um dia em que você renasce enquanto vai à padaria comprar pão. parece bobo, mas é o caminho de volta pra casa e o balanço das folhas na árvore que te fazem lembrar que hoje é um dia que você está tentando. e se amanhã acordar for tão difícil quanto dormir, você terá outros dias para tentar.

só não apresse o seu corpo a isso. não se force quando não há forças para continuar. quando sua mente está tão exausta, seus gestos tão indecisos, tudo tão embaraçado, por dentro e por fora, não se esqueça que *fugir da dor te afasta de si mesma.*

hoje é um dia possível. e não que os outros não fossem. e não que esses dias sejam raros. mas quando lidamos com a montanha-russa chamada vida, é necessário buscar alívio para que não estejamos sempre na queda – pelo menos na nossa cabeça. *dar atenção ao que te faz cair talvez seja a única forma de se reconstruir novamente.*

como nas montanhas, com seus terrenos altos e baixos, seus solos férteis e outros improdutivos, alguns dias também são assim. há dias que nem conseguimos avistar a montanha. e há outros que exigem coragem de ir além do que a nossa vista consegue alcançar.

mas independentemente do dia, da hora ou da semana, o amor e o carinho que você deposita em si mesma sempre crescem com bons frutos. e é esse amor que vai tornando os dias possíveis em mais possíveis ainda. *o recomeço nem sempre é um lugar de conforto, mas é a prova de que você nunca se abandonou.*

e quando a montanha descer, quando for aqueles dias, você vai saber que desmoronar na sua própria companhia não é ser frágil. na verdade, é uma conquista. é se amar o suficiente para assumir o seu cansaço.

afinal, *só é possível florescer por fora quando se cuida por dentro.*

SE CONHECER É BOM,
MAS SE DESCOBRIR
É MELHOR AINDA

*"I worry this is how I'm always gonna feel
but nothing lasts, I know the deal."*
Male fantasy – Billie Eilish

um texto sobre cobranças (respire.)

semana passada fiz promessas e planejamentos que não consegui cumprir. não é a primeira vez, nem me parece ser a última. mas é um alerta, daqueles que nos encaram e dizem: por que você se cobra tanto enquanto pede a todos que descansem?

esses dias, em uma conversa de ônibus qualquer, escutei uma frase que ficou. era algo como: não sabemos amar o outro quando ainda não aprendemos a nos amar. e isso é um risco muito grande, porque você pode ter a sorte de encontrar pessoas que te mostrem como é possível cultivar afeto e amor-próprio, mas também pode viver uma ruína e confundir migalhas com sentimentos bons.

e é muito amargo – eu bem sei – você se derramar em lágrimas por saber que você mesma não está entre suas prioridades. parece que descrever qualquer outra pessoa é tão mais fácil porque se reconhecer nem sempre é uma forma de conforto. mas é se conhecendo que você se entrega ao amor e ao descanso.

e não é apenas se conhecer. esse pode ser o primeiro passo, dos imensos passos diários que damos ao longo da vida para entender quem somos e não nos esquecer que somos mutáveis. e, pra falar a verdade, não consigo comparar esse processo com nenhum outro. é seu, e é uma jornada *só sua*.

só o fato de ter lido até aqui já mostra que você se preocupa com você. por vezes procuramos gestos muito "grandiosos" para nomear de amor-próprio, mas quando você acordar e lavar o seu rostinho pela manhã, antes de um bom café, já é uma demonstração de que você está indo em busca de si.

se amar também está nos detalhes – até nos imperceptíveis.

enquanto você está cobrando até a sua forma de se amar, poderia estar simplesmente vibrando pelas suas conquistas diárias, sabendo, inclusive, que quedas acontecem.

e quando você cair, quando o ar te faltar, você fechará os olhos, sentindo tudo novamente, vai se abraçar tão forte e lembrar que, em outros dias, você seguiu, e isso não pode ser nomeado de outra coisa senão amor.

quando ninguém achou que fosse passar, você foi lá, com sua fé, e piscou mais uma vez para a vida.

continue piscando. o seu olho sempre brilha mais um pouco quando você acredita em você.

"Deixa estar que o que for pra ser vigora."
Encontro – Maria Gadú

um texto para o domingo à noite (tudo pode mudar.)

tenho pensado na gente. para ser mais exata, pensei agora, enquanto escutava aquela música que você usava para desaguar há dois anos. você se encolhia na cama, como quem busca um abraço, e se derramava por inteira. eu sinto muito por tudo o que você sentiu. por toda insegurança, pavor, medo, aflição e essas coisas que não sabemos nomear, mas sufocam a nossa garganta.

queria te mostrar que, mesmo com essas noites frustrantes, você iria alcançar coisas tão bonitas quanto as que desejava aos outros. tenho medo de que você esqueça de aplaudir as suas conquistas por pensar não as merecer. você mesma sabe que enfrentou muros e mais muros por elas.

nem tudo aconteceu na ordem e da forma como você imaginou. não vou enganar você. não é porque muitos sonhos se concretizaram que as feridas pararam de existir. mas eu queria que, por um instante, as suas feridas não fossem as protagonistas da sua história. gostaria que você anotasse em algum canto da memória o quanto você foi corajosa ao se dizer sim.

quando você deságua no que te machuca aprende a mergulhar no que te faz feliz. e eu sei que não queríamos que fosse dessa forma, mas você se deu uma chance enquanto o mundo te dava as costas. e isso é um ato de amor. aquele amor-próprio que você tanto achava inatingível foi construído na simplicidade.

para quando doer, lembre-se: continuamos juntas. eu não estaria aqui se você não tivesse tentado. nada vai se repetir da mesma forma. por isso, continue torcendo por essa história, que é minha e *sempre será nossa.*

eu nunca vou cansar
de me dizer "obrigada"
só eu sei o quanto me doeu
aprender que antes de qualquer pessoa
eu também posso ser gentil comigo

"*Você é o seu próprio lar.*"
Triste, louca ou má – Francisco, el Hombre

você já se abraçou hoje?

esse é o instante de segundo perfeito para te lembrar que você continua em progresso. e você só chegou até aqui porque se abraçou. então não se assombre quando os caminhos se apresentarem vagos, desalinhados. como você se abraçou no passado, assim continuará fazendo.

se conhecer tem um pouco disso, né? de não querer se soltar, porque sabe que, lá na frente, a queda pode ser ainda maior. e não existe algo melhor do que respirar na certeza de estar fazendo algo por você. e *com* você, entende?

o elo mais forte que temos na vida nasce dentro da gente. *tudo pode passar, mas essa história que você constrói consigo mesma, ela não se finda.* pelo contrário, cria raízes ainda mais fortes.

quando você começa a se escutar é como se todo o mundo parasse para te ouvir. e essa música que você tanto reproduz te passa segurança porque, no fundo, você está segura em si. eu só queria que você não se preocupasse muito em saber como as coisas vão acontecer e lembrasse mais de apreciar o que você tanto enfrentou para chegar aonde está. porque essa conquista é sua, e você deve comemorar todos os dias em que olhou para sua história e não teve medo de abraçá-la.

CICLOS SÓ SE FINDAM QUANDO MUDAMOS A POSTURA E ABRAÇAMOS O MOVIMENTO

"*Já não tenho medo do mundo
sou filho da eternidade.*"
Vermelho – Marcelo Camelo

uma poesia para você: girassol de Van Gogh.

hoje, mais cedo, assisti ao episódio de Van Gogh, da série *Doctor Who*, que flechou meu coração de jeito. mas de um jeito bom, daquele que você sente a lágrima escorrer encontrando o sorriso no percurso. por muito tempo, meus sorrisos não eram meus. usei-os como forma de esconder toda a água que estava presa no meu corpo e no meu coração. logo esse gesto, pelo qual eu sou tão apaixonada.

já usei riso pra disfarçar noite maldormida, pra fingir vontade, pra ser inserida e lembrada. já usei do riso pra não ser eu – rindo por fora e me quebrando por dentro. foram anos para aprender que eu poderia ter sorrisos de felicidade ao fazer algo por mim mesma. e se você já experimentou essa sensação, sabe que esse momento é tão honesto e autêntico que sorrir ganha outro valor. transbordar ganha outro significado. e se acolher se torna fruto.

ninguém conta para a gente que vibrar pelas nossas realizações é uma forma de se acolher. *acolher o que dói é potência, mas acolher o que vibra é amor.* se não nos aplaudirmos durante o espetáculo, esquecemos que ele só acontece porque também fizemos parte. e isso é muito honesto: saber da sua diferença não por prepotência, mas pela essência. você faz a diferença porque o que você faz é único.

depois de meses me autossabotando da minha própria felicidade, questionando se eu realmente merecia alargar meu sorriso por aí, eu tô aqui, escrevendo este texto com um misto de risos e lágrimas por me permitir celebrar de forma autêntica o que há anos seria impossível.

na minha cabeça, muitas coisas eram impossíveis, e, mesmo duvidando, eu me joguei e continuo me lançando nos caminhos que eu acredito. *é injusto demais fugir do que me faz feliz para caber em lugares de falsos risos.*

que, mesmo com o medo, eu não deixe de sorrir por mim. sempre vale a pena.

ÀS VEZES ME PERGUNTO

POR QUE NÃO ESCOLHI O CAMINHO MAIS FÁCIL

E ME ESQUEÇO QUE PARA PESSOAS COMO EU

A VIDA SEMPRE FOI DIFÍCIL

"Tudo o que eu quero é viver."
Andarilho – Majur

manhãs de tons azuis

acordei, me lavei da cabeça aos pés e tô aproveitando esse sol da manhã pra respirar com calma. a música no meu celular se mistura com o barulho dos carros na rua, e eu admito gostar desse som. pela primeira vez em anos o meu dia não começou com uma xícara de café. decidi começar o domingo diferente.

estou um pouco – para não dizer bastante – cansada das minhas manhãs aceleradas. sempre estou atropelada de atividades e raras são as vezes que tenho estado presente em mim. ou é a casa, ou é o trabalho, ou é a faculdade, ou é tudo junto. e, se é junto, a sensação de colapso sempre aparece.

já passei por momentos de mais esgotamento, mas isso não significa que eu esteja satisfeita e bem com o agora. quando estou no ócio, o meu corpo estranha e a culpa não apenas bate na porta, ela me invade com pensamentos incessantes de "você está perdendo tempo".

até para dormir tem sido uma fase confusa. cinco horas me parecem suficientes, e, se ultrapasso, esqueço que ainda há inúmeras horas para fazer tudo o que me proponho.

e eu nunca vou conseguir dar conta de tudo enquanto não for realista comigo.

eu sei que alguns dias serão mais corridos e frenéticos que outros, mas espero que, por dentro, meus pensamentos não sejam como esses carros que sobem e descem em velocidade constante.

eu quero sentir a melodia do meu corpo como uma música de mpb que sabe desfrutar cada letra. quero ser como um andarilho e pousar todas as vezes que sentir necessidade. quero fazer tudo por mim, mas, principalmente, aprender a fazer o nada.

se o ócio é um vagão, você embarcaria nele comigo? prometo não demorar. uma tarde, um silêncio e um céu azul.

o descanso sempre salva.

*enxergar o mundo como labirinto
e sentir que sou um*

*enxergar o mundo como labirinto
mas saber que a saída
está em mim*

*enxergar o mundo como labirinto
e saber que o melhor caminho
sou eu*

*"Presto atenção nas dores
e choro canções."*
Acalanto – Luedji Luna

uma chama de esperança

tenho muitas coisas que gostaria de dizer ao meu eu de anos atrás. um desejo enorme de passar uma fórmula, um segredo para mudar o modo de encarar a vida, mas me conformo ao entender que tudo o que aprendi ao longo da estrada só se tornou aprendizado porque em algum momento já foi erro ou dúvida. talvez a magia esteja aí: na surpresa, no improvável, no que está por vir e não sabemos.

quando me dou conta não somente das coisas que aprendi, mas dos medos e frustrações que superei, queria transmitir esse sentimento de confiança à minha criança que tanto temeu a vida. falar sussurrando para que somente ela escutasse: "o tempo vai curar. daqui a uns anos o horizonte estará mais próximo e você entenderá o porquê de agora ele ser distante".

o horizonte se aproxima conforme você se reconhece.

não apressar o passo é o que nos faz crescer nessa jornada de descobrimentos. entender que tudo leva tempo.

vamos deixando partes que não nos representam mais, ideias que já não abraçam, relações que não são mais saudáveis e, finalmente, entendemos a importância daquele clichê: "um passo de cada vez".

não sei se os caminhos se encontram na hora certa, mas algumas coisas acontecem exatamente no instante de segundo perfeito de que a gente precisa.

podemos desejar muito algo sem sequer estarmos prontas para vivenciá-lo. escrevo isso para o meu eu do futuro: "seja paciente!". e para o meu eu do passado: "já estamos muito distantes de onde começamos!".

sem dúvidas aquela faísca de esperança que acreditava em dias melhores, queimando tão insistentemente no meu coração, deixou de ser uma mera fagulha e passou a ser fogueira acesa.

e o lado bom disso tudo: esse fogo não queima, aquece a alma.

"Eu tô curando a ferida."
Toda forma de amor – Lulu Santos

toda forma de amor

você diz que não me reconhece mais. seus olhos marejam, sua voz aumenta e sua raiva se alastra. você diz que eu já não sou mais a mesma, e a minha vontade é te dizer que eu sempre fui o que você não via.

sua raiva, apesar de me magoar, não me espanta. repulsão também foi a minha primeira emoção quando me descobri. você tinha uma ideia formada sobre mim, e esqueceu que eu não sou uma ficção, eu existo. e em algum momento eu iria crescer e seguir na minha própria embarcação.

do mapa que você desenhou para a minha vida, visitei os museus da sabedoria. porém, jamais poderia seguir a sua rota. era preciso rabiscar a minha. era preciso fazer o meu mapa. e, sim, eu sei que em algum lugar, isso te desaponta.

se foi difícil para você me reconhecer, foi difícil para mim me aceitar. ensaiei milhares de vezes como seria verbalizar quem eu sou, olhando nos seus olhos. apesar da sua dor, apesar das suas lágrimas, eu sabia o engasgo que sufocava a minha garganta.

se para você gritar foi um mecanismo de negação, para mim foi um símbolo de aceitação. foi erguendo a minha voz que o meu mapa finalmente se coloriu e pude ser eu, mesmo que isso te desaponte.

as minhas rotas nunca estiveram fechadas pra você, só lembre que eu sou a responsável por elas. recebo os seus cuidados, mas nessa embarcação eu sou a capitã. é chegada a minha hora.

> "Caminho na contramão
> quanto mais me envolvo
> mais namoro a solidão."
> Oceano – MC Tha

sonhar pode ser solitário

tô deitada na cama, com o caderno em branco, pensando em uma forma de falar para mim mesma que essa história de me colocar em primeiro lugar talvez seja mais especial – e necessária – do que eu supus. estou ainda absorvendo o fato de que, talvez, depois de tantas decepções e cacos, seja uma boa hora me permitir estar no topo dos meus desejos. e, ao ler isso em voz alta, me sinto hipócrita, egoísta.

por que o medo de me priorizar é maior do que a minha vontade de ser feliz?

são tantos desencantos, desalentos. desenganos com olhares que pensávamos, ao menos, torcerem pela nossa alegria. frustrações amargas que acontecem quando pessoas tão próximas, que cantam "eu te amo", não torcem, nem assobiam, pela nossa felicidade. a ausência de suporte deixa rastros irreparáveis no caminho. e, se a gente não se protege, os rastros só sangram dentro da gente.

e toda vez que uma gota de sangue — ou de lágrima — escorre, eu me sinto pela metade. me culpo por não ser justa comigo e culpo os outros por me julgarem. e, nessa batalha, quem está perdendo sou eu, simplesmente por medo de seguir o que aqui dentro brilha e pede ação.

eu sou a minha âncora e a minha fonte de força. se eu acredito em tudo que falam sobre mim, posso acabar confundindo quem eu sou.

lembro das pessoas que torcem sem ao menos me conhecerem direito, lembro do meu coração, do meu sentir e dos dias que vivi para agradar e só me causei mais dor.

quando você se molda pra caber em algum lugar, você não está se lapidando, você está se destruindo.

por isso, agora, *ser a primeira a vibrar por mim é a minha conquista diária favorita.* mesmo que lenta, ela é minha e, pela primeira vez, estou fazendo algo por mim.

CONFIAR NOS BATIMENTOS

"*The more I try to push it I realize gotta let go of control.*"
Last hope – Paramore

pra vida acontecer

como eu posso dizer o que sinto quando imagino os meus sonhos tomando forma? mesmo colocando em detalhes, rabiscos e desenhos, a festa que meu corpo faz só em imaginação é inexplicável.

há um tipo de riso que só quem sonha reconhece: aquele de lábios fechados com os olhos cintilando.

entre a desistência e a tentativa, eu fico sempre com a última. das coisas que me fazem sorrir eu não abro mão, seguro e encaro. o medo deixa turvo, a insegurança faz o mundo opaco, mas quando olho pra mim, para a minha história, reconheço que os meus batimentos não são pelo acaso. a minha intuição não vibra pelo acaso.

o que pulsa sempre permanece, é cristal. podem até tentar afetar o volume da chama, mas nunca a apagar.

as minhas escolhas não são apenas escolhas, são parte de mim. e eu não consigo ser inteira deixando meus sonhos para trás.

É INCRÍVEL RESPIRAR
NA CERTEZA
DE ESTAR FAZENDO
ALGO POR VOCÊ

"Ano passado eu morri
Mas esse ano eu não morro."
Sujeito de sorte – Belchior

o que não esquecer

muitas luzes se apagam dentro de um ano. pessoas que pensávamos amar atravessam outros caminhos e nos atravessam também. sorrisos que antes nos provocavam agora afetam o nosso respirar. amigos que se tornaram desconhecidos e mostraram o quão importante foi construir aquela memória.

mas há um momento em que a luz nunca se apaga: quando você decide confiar na história que deseja para si mesma.

e, bom, eu gostaria muito de lhe dizer que confiar é o suficiente. mas eu estaria mentindo para nós duas. você vai sentir, do medo à aflição, da certeza à dúvida, da alegria à ausência. tudo isso vai rodear seu coração. mas boas histórias não são contadas em linhas retas. assim como a melodia de uma música, há intervalos que precisam ser respeitados. você respeitando o tempo e o *seu* tempo.

talvez a pressa de escrever uma história perfeita te prive de viver uma verdadeira.

e, se há algo significativo e transformador, é ser verdadeiro com quem você é, estar de mãos dadas com os seus sonhos.

os números podem passar, mas o que você faz por você sempre continua. no fim, a nossa única certeza somos nós e os nossos sonhos. *que não nos falte isso: estar atentos a quem nós somos.*

você pode se perder, esquecer como voltar, chorar, gritar, ter medo, mas, se parar e escutar baixinho, vai lembrar para onde esse coração ecoa. e quando os batimentos ficarem confusos, que você possa pedir ajuda e se lembrar do amor.

assim como nos meses passados, quando você duvidou que essas lágrimas secariam, mais uma vez você se agarrou, mesmo não sabendo como. *se agarrar à nossa história é soltar a expectativa que o mundo tem sobre ela.*

para quando as luzes se apagarem, repita: "eu continuo comigo". você vai perceber que a luz mais especial sempre continuará brilhando. *essa luz é você.*

NINGUÉM PERMANECE O MESMO DEPOIS DE SE ESCUTAR

"*Mas Deus foi quem me fez nessa vida
e eu cumpro ordens de um bom destino.*"
Destino – Xênia França

não posso depositar no outro a responsabilidade de escolher o que é melhor pra mim

não lembro a data exata que escrevi essa frase. lembro de buscar respostas para perguntas que cabiam apenas a mim responder. não que ninguém pudesse me ajudar com um conselho, mas, como disse, eu não posso depositar no outro a responsabilidade de escolher o que é melhor pra mim.

a opinião do outro sempre vem fantasiada de segurança, como se as minhas escolhas fossem muito mais sombrias e difíceis. e, sim, as minhas escolhas possuem dificuldades porque são reais.

se eu sigo sempre o que dizem ser "o ideal pra mim", esqueço de aprender o que me faz feliz.

já me inundei profundamente por ter medo de ouvir o que meu coração apontava. já derramei lágrimas só por pensar em como eu queria confiar mais no meu processo. quantas vezes só embarquei em algo que acreditava por perceber que as pessoas concordavam. mas, e quando isso não acontecer, eu vou parar de sonhar?

não posso fazer isso comigo. eu sei que vai ser difícil, mas *me disponho a correr riscos pelos sonhos em que acredito*. para que, dessa forma, eu me sinta sempre assim, viva.

é bem mais sincero quando aprendemos que ninguém, nem mesmo a pessoa que você mais ama e admira no mundo, pode decidir a sua vida por você. e, mais uma vez, não será fácil. mas pelo menos você estará seguindo o seu caminho, e é nele que você deve confiar.

TODA CURA EMERGE DA PALAVRA

"A felicidade já é coisa esquecida
mas agora eu vou recomeçar."
Vou recomeçar – Gal Costa

um texto para uma força estranha: (a vida.)

o que se deseja em um início de um ciclo?

quase nunca começo a minha escrita com perguntas porque, ironicamente, não encontro a resposta perfeita para as minhas dúvidas e angústias inevitáveis. já faz parte do meu cotidiano me rodear de questionamentos contínuos. algumas vezes um "sim" ou um "não" são o bastante. em outras eu quero saber mais. saber mais de mim, saber até o porquê das minhas perguntas.

essa, por exemplo: eu não sei o que se deseja em um início de um ciclo, mas eu sei exatamente o que agradecer do ciclo anterior, pois sem ele eu não estaria aqui.

muito cômico como falamos sobre ciclos enquanto estações, e não percebemos que somos nós os ciclos que mudam e se renovam também.

e *um novo ciclo só começa quando a gente se permite recomeçar.* e para um se findar você precisa acessar o que os conecta. e mesmo com todas as adversidades que existem dentro de um ciclo, mesmo quando a gente tem certeza de que não vai passar, olha como eu e você continuamos aqui torcendo pela vida.

reconheço, com todo cuidado, que muitas das minhas histórias favoritas – que vou contar aos meus netos – só aconteceram porque eu me arrisquei. isso é algo que eu preciso agradecer.

para os ciclos desconhecidos, que sempre chegam, pretendo errar mais, soltar a ilusão do controle do mundo. desejo estar mais confortável na minha presença, sem a necessidade de mudar o meu existir para agradar. desejo mimar mais a mim e as minhas horas de neblina pura. desejo estar mais segura, desejo me cobrar menos. desejo abraçar os meus ciclos na mesma intensidade que desejo abraçar quem eu sou, cada vez mais, sempre sendo.

desejo que eu continue e você também. desejo ciclos finitos e infinitos, mas sempre bem vividos.

"But I'm full of darkness."
Cursive – Billie Marten

"por favor, uma passagem para o interior"

hoje eu não queria sofrer para conquistar o mundo. não mesmo. admiro a minha dedicação, mas viver constantemente me empenhando para ser reconhecida cansa demais. é como participar de uma corrida infinita, em que muitos não precisam sequer respirar para chegar em primeiro lugar. e, se eu não me mover, não há quem corra por mim.

da mesma forma que isso pode parecer lógico, imagine o quanto é cansativo. uma vida baseada em tentar fazer dar certo quando todos esperam que você falhe.

e sabe o que é pior? se você falhar, por uns minutos, eles parecem ter razão. a rotina é pesada, e é ainda mais exaustivo como precisamos nos lembrar da nossa potência, porque nunca fazem isso por nós.

sempre foi assim: se eu quero mudança, preciso propor o movimento.

sabe quantas esferas da minha vida eu preciso movimentar? muitas. não é como balançar o meu dedo pra lá e pra cá. é usar de todo o meu corpo, de toda a minha criatividade, de toda a minha bagagem, para chegar ali, quiçá pela sorte, em quarto lugar, quase boa o suficiente para o pódio.

e tudo isso sendo feito dia após dia. saindo de um aplicativo para outro, conferindo se o arroz queimou, lendo aquela matéria, colocando a roupa na máquina, escrevendo um roteiro, marcando uma consulta, enviando o último e-mail e fechando os olhos para dormir, torcendo que seja uma boa noite de sono – até o sono é cansativo quando você precisa fazer tudo sozinha.

por hoje, eu queria uma noite longa. extensa para que o amanhã cheio de responsabilidades não chegasse até mim. porque sozinha eu não tenho tido tanta força. e eu sei, eu sou muito forte. mas, antes de ser força, sou outras possibilidades.

sou a minha criança que sente falta de carinho e cuidado, sou a minha adolescente que gosta de um pátio com fofoca, sou uma irmã que mora longe, sou uma filha que mora fora, uma sobrinha dengosa, uma namorada manhosa, uma amiga engraçada.

mas, mesmo sendo muitas, não consigo dar conta de tudo. algo sempre vai ficar em falta para que eu não fique em falta comigo. essa corrida já faz isso, não vou repetir a mesma crueldade.

hoje eu não vou correr.

SABER QUE UM
PEQUENO PASSO DADO
É SEMPRE UM PASSO

Som de chuva sempre cai bem.

esse texto é terapêutico

a tela do meu celular tá com o brilho no máximo, e, além dela, não há mais luzes acesas no meu quarto. deitei mais cedo que o normal essa noite e não sei se vou conseguir pegar no sono. hoje foi um dia com vários dias dentro. só preciso de um pouco de sossego para o amanhã que nem chegou e já me causa ansiedade. tô um pouco cansada de fazer muitas coisas em um espaço curto de tempo. alguma voz ao fundo me diz: "bem-vinda ao mundo real".

eu não me incomodo com a correria, mas não conseguir aproveitar as doçuras da vida com mais mansidão me entristece. tenho a sensação de que a minha respiração só é aliviada nos fins de semana. não queria que fosse assim. segunda tem um clima de recomeço, terça um charme de "dá pra tentar", mas esperar as 20h da sexta-feira pra ser feliz é descabido.

esses dias na terapia minha psicóloga falou que a felicidade também é uma escolha, e eu inconscientemente escolho ser mais feliz aos fins de semana. ao longo da minha semana tudo fica muito agitado e com pressa porque eu só me concedo a felicidade na sexta. no anoitecer do domingo eu já começo a me cobrar de forma amarga, como se o mundo fosse acabar ali caso eu não entregue as minhas demandas.

mas o que eu tenho me entregado?

não sei como mudar essa lógica de forma repentina, mas nesse charme da terça eu me rendi. cheguei, tomei banho e me deitei. aproveitei a escrita para respirar melhor com as palavras. nunca mais tinha sido feliz na terça e tô adorando.

se a pressa pra ser feliz me esgota, não é só da felicidade que eu preciso, é do descanso. *a felicidade não é uma corrida contra o tempo, é um caminho em busca de si.* preciso me lembrar disso.

"Como é estranho ser humano."
Coisas da vida – Rita Lee

lição de casa

anotei algo no meu bloco de notas sobre como comunicar os meus sentimentos tem me libertado dos meus medos. por muitos anos, sempre dei preferência à escuta sobre a palavra. não gostava de ser o foco das minhas conversas. gostava de ouvir as minhas amigas, perguntar cada detalhe possível e pensar em conselhos que muitas vezes elas não seguiam – e nem eu seguiria.

queria saber do outro para esquecer o que se passava dentro de mim. queria escrever histórias que não fossem as minhas e imaginar cenários menos dolorosos para minha infância. queria escutar músicas na estrada para idealizar qualquer realidade que não fosse a minha. queria evitar falar sobre mim para não lembrar da minha existência.

fico imaginando o quanto algumas dores teriam sido aliviadas com uma mínima conversa no pátio da escola.

mas não deu, eu não estava preparada e pelo menos agora, anos depois, tenho consciência disso. posso ter demorado a chegar lá, mas pelo menos tenho um pouco mais de coragem para falar dos fantasmas que me incomodam.

por ora, sento comigo mesma e busco ajuda. não é algo simples, mas é verdadeiro. para me salvar, precisei acessar as minhas verdades da mesma forma que acessei as mentiras que me deixei aceitar.

você se fortalece quando comunica o que está sentindo. mesmo com o frio na barriga, as palavras trêmulas e mal conjugadas, falar é um processo necessário para que a gente se liberte das nossas próprias armadilhas.

posso não ter o pátio do colégio, a roda de amigas, o fone de ouvido compartilhado, mas tenho as palavras.

e com elas me sinto pronta. a semente da liberdade é o diálogo. se permita falar sobre você e em que acredita.

todas as vezes
que você for percorrer
um novo caminho
lembre-se da sua criança interior
antes do primeiro passo
busque conhecer o solo
não tenha medo de engatinhar
você ainda está aprendendo
não importa a forma como você vai atravessar
quando o caminho é seu
é você quem define os passos
mais importante que o cenário
é o personagem
e a única protagonista dessa história
é você.

A MINHA VIAGEM
PREFERIDA É
PRA DENTRO DE MIM

"Here comes the sun, and I say it's alright!"
Here comes the sun – The Beatles

eu nem acredito que cheguei até aqui

há três anos, lembro de pesquisar no google "psicóloga – valores sociais". eu estava triste, Salvador estava fria e o meu coração gelava. por ironia do destino, hoje, três anos depois, Salvador está fria, mas o meu coração está quentinho. continuo com a mesma essência, mas muito mais corajosa em expô-la para o mundo.

a minha renda na época era mínima, mas eu sabia que, no momento, cuidar da minha cabecinha era o maior presente que eu poderia me oferecer – e, bom... três anos depois, não tenho dúvidas de que fiz a coisa certa.

estou agora sentada na cafeteria, com o fone de ouvido, desenhando as palavras que um dia pensei que nunca mais iriam sair de mim.

lembro exatamente da minha primeira sessão de terapia. eu estava com uma blusa azul, meu cabelo preso, dez quilos a menos, extremamente triste, sem perspectiva de escapar de onde eu estava. eu comecei a terapia pra sair de um lugar que fantasiaram para minha vida. eu comecei a terapia pra voltar pra mim.

eu já me conhecia, mas eu precisava me descobrir.

foi muito árduo. minha psicóloga me perguntou o que eu estava sentindo, e eu iniciei a sessão falando: "essa dor não tem nome". engano meu. a dor tinha nome, e eram vários. era tanto emaranhado junto que eu não sabia identificar o que mais me machucava.

é claro que após algumas sessões reconhecemos onde aquele nó tinha se criado, e, bom: saber a raiz de um nó não é fácil, mas é a melhor forma de desatá-lo.

desatei nós da minha infância, da minha adolescência e da minha jovem – e movimentada – vida adulta. confesso que alguns ainda não consigo elaborar e nem aceitar, mas estou lá, semana após semana, sentada na minha sala, conversando com a minha psicóloga para *ressignificar*.

lembro, inclusive, quando escutei essa palavra pela primeira vez, em uma sessão, e senti alívio em descobrir que em vez de me culpar pelas cicatrizes do meu corpo, eu poderia ressignificá-las.

e essa é outra parte dolorosa: como acolher uma ferida quando se está sangrando? precisei aprender a abraçar o que ninguém quer ver e saber da gente.

e, às vezes, nem nós queremos.

me engasguei muito durante as minhas sessões, faltou ar, mas mantive a esperança. comecei uma Sofia e saio outra.

meu mundo pode balançar, mas jamais desmoronar. e mesmo que ele desmorone, assim como há três anos, eu vou colocar tijolo por tijolo, parede por parede, e seguirei.

jamais vou esquecer tudo o que vivi e passei, e sempre que os trovões e terremotos chegarem, eu saberei que posso, mais uma vez, encontrar o sol. é só parar cinco minutos e conversar comigo mesma. posso não ter a solução, mas tenho o caminho.

e o meu caminho *sou eu.*

Deixa a emoção tomar conta.

um colo para chamar de nosso

eu preciso te contar um segredo. quando aquele seu sonho estiver acontecendo, talvez você sinta, sim, uma ansiedade. mas, diferentemente daquela emoção que te sufoca, essa fará você enxergar o motivo de todas as outras vezes não terem dado certo. precisava ser agora, com essa cabeça e esse coração que você lapidou.

e eu só estou te contando isso por estar vivenciando um processo muito parecido com o seu. talvez em uma cama diferente, mas eu também já acordei pensando que o mundo iria desabar. inúmeras vezes.

e ontem, pela primeira vez, enquanto o meu desejo tomava forma e as borboletas invadiam o meu estômago, eu não senti angústia, senti paz. pela primeira vez aquelas borboletas chegaram para que eu pudesse voar tranquila. o medo estava ali, mas como uma força natural do meu corpo, e não como um monstro que me trava.

havia tempos eu não sentia as emoções naturais do meu corpo, e todas estavam à flor da pele. a turbulência foi a minha casa por muitos anos. e você sabe, muitas vezes, quando estamos acostumadas com um tratamento, pensamos que é isso que merecemos receber porque não temos outras referências.

a calmaria, antes de causar alívio, me causou surpresa. nem nos meus dias mais pesados eu considerei merecer um instante de sossego, de celebração. porém, não só mereço, como você também.

estou te contando esse segredo para que você conte a si mesma todas as vezes que duvidar do mundo.

e tudo bem duvidar do mundo, só não duvide de si. não duvide da imensidão que você carrega, porque mesmo que ninguém assista ao seu esforço, o que você tem feito é valioso o bastante para ser celebrado.

e é nesse segundo entre a dúvida e a dedicação que você está transformando o seu futuro, e talvez você nem saiba.

eu sei que é doloroso demais ver o quanto estamos nos esforçando e nada parecer mudar. a turbulência grita.

fazer o que o seu coração anseia vai ser difícil, mas as paredes da ansiedade não vão se manter. uma hora elas caem, e você se ergue.

as borboletas do início retornam só para te provar que você sempre esteve certa. você nasceu para voar. divirta-se.

e, se você tanto chorou por medo, é a sua hora de chorar por felicidade. *essa, sim, é a sua casa.*

DANÇAR A MELODIA DA INTUIÇÃO

"*Eu sou uma,*
mas não sou só."
Povoada – Sued Nunes

finalmente

tô admirada com você. precisava te falar isso. nunca imaginei que você seria tão forte. engano meu. você é pura força. você tinha tudo pra desistir e não fez. e você sabe, não há problema na desistência. o que me encanta é como essa força nasce dentro de você.

e nada de uma hora para outra, é claro. foram anos adubando a sua própria consciência, meses e meses pra entender que tudo levaria tempo, e não nos restava alternativa senão viver o processo.

e hoje, sentada nessa cadeira, que até rodinhas tem, com uma mesa de madeira bonita, parece que tudo passou muito rápido – mas só você e eu sabemos como foi. tudo tão conturbado que, quando a calmaria chegou, nem sabíamos como aproveitar.

os dias eram sempre sem saída.

a fila do ônibus imensa, um curso que você detestava, um término que te afogou, uma relação inquieta com a vida e consigo mesma. como foi difícil ter esperança enquanto tudo ao nosso redor pegava fogo.

a vida estava mudando, e você também.

na nossa cabeça, nada fazia sentido. como eu vou mudar de curso depois de anos? como vou amar outras pessoas? como vou me assumir?

você alcançou absolutamente tudo – e até mais. se conheceu entre o abismo e o céu.

se a sua persistência em sair de uma vida que te fazia mal não é amor, eu não sei o que é.

e sabe o mais bonito? você fez isso por você. você foi costurando retalhos com o que tinha.

até chegar nesse tecido tão bonito foram anos.

a saída nunca esteve em outro lugar senão dentro de você.

o colo que você buscou, o amor que você queria conhecer, o curso em que você queria passar...

obrigada por explorar a sua intuição. obrigada por ter confrontado os problemas e, mesmo que te provocasse dor, ter reconhecido o que não somava mais.

e em algum lugar, tudo isso deve doer. deve te fazer pensar que sempre será assim, difícil. mas você não está sozinha. nem nos dias mais tenebrosos você se largou. e não vai.

a vida está mudando e você também.

"Sem ponto, sem vírgula, sem meia, descalça
descascou o medo pra caber coragem
sem calma, sem nada, sem ar"
Psiu – Liniker

o meu sol sou eu

sempre que me aproximo dos meus desejos abro um largo sorriso, só pelo simples fato de agora ter a coragem de percebê-los como essenciais e possíveis na minha trajetória. não à toa, parte do que sou é moldada pelos meus sonhos.

quando instintivamente consigo dizer "não" a lugares e pessoas que não me cabem e a sonhos que não são meus, sei que, na verdade, estou dizendo sim para mim mesma, como quem segura a mão de uma criança e diz: eu tô aqui. *porque eu sempre estive.*

acreditar em mim é a minha única possibilidade de existir. e a minha preferida. porque sempre aprendo comigo, com os meus retornos e com as minhas partidas. entendi, depois de tanto buscar cativar o outro, que não existe direção certa se eu não estiver de bem comigo. me percebi como sol. *a minha direção sou eu.* mesmo que a dúvida exista, no fundo, algo que vibra ou até mesmo me fere vai me mostrar para onde ir.

às vezes meu corpo só quer que eu faça um pouso tranquilo em mim mesma para que as coisas aconteçam.

por isso, celebro cada cura e cada movimento – até os mais mansos – da minha caminhada, porque em muitos momentos o inverno pareceu ser a minha única estação. e mesmo que ele retorne, é apenas um instante. uma parte da história. não é quem eu sou. esses instantes sempre passam, nem os meus risos permanecem.

mas eu sempre fico.

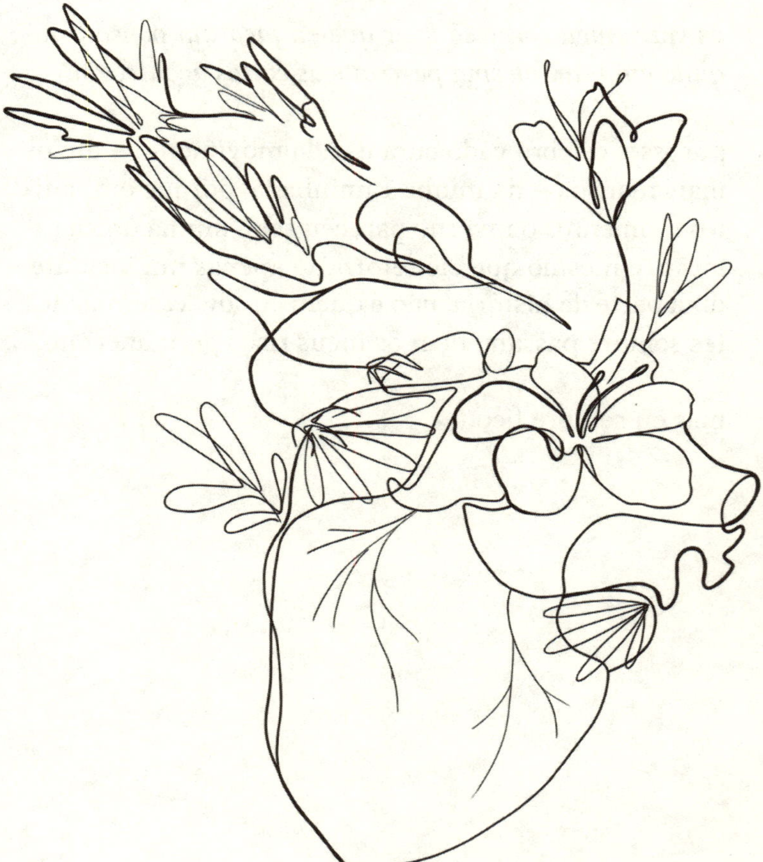

PARTE 4.

pouso

eu pensei que essa fase nem existiria, mas, olhando para tudo o que aconteceu na minha vida, só cheguei até aqui porque o amor me salvou.

essa é uma parte extra, porque antes de escrevê-la preciso vivê-la.

prefácio das últimas páginas

estou decidida a escrever sobre o amor. sete meses desde a minha decisão, e não desenhei uma poesia sequer sobre esse sentimento. não consigo entender por que escrever sobre amar e ser amada exige tanto de mim e me causa tanta fadiga.

tenho construído uma boa relação de amor-próprio, sou amada e amo muito também. mas, sempre que vou falar ou escrever a respeito dessas quatro letrinhas, as palavras escapam. queria que definir o amor fosse tão fácil quanto parece. mas, sempre que meu irmão me dá um abraço forte, eu não encontro palavras para descrever nem um terço do que sinto.

tudo o que tenho feito é escrever, com o que posso e consigo, como o amor salvou a minha vida, e salva todos os dias.

antes, se fosse uma poesia sobre amor, primeiro eu falaria sobre as pessoas que preenchem a minha vida, mas agora, com tudo o que passei, preciso falar sobre um amor que me preenche por inteira: o amor-próprio.

há muitas gavetas que não consigo abrir e limpar. mas o amor respeita o meu tempo e diz que, se não estou preparada, ainda haverá oportunidades. vou aprender. já aprendi a abrir gavetas com chaves cravadas em mim.

esse amor me respeita, mesmo sabendo que algumas vezes vou esquecer que ele existe. irei sabotá-lo. vou perdê-lo no meio do caminho e gritar "cadê você?". e com toda a paciência, ele acena, como faz agora, permitindo que eu sinta os batimentos do meu coração, o descanso do corpo e o alívio de quem está vivendo o processo.

às vezes preciso do amor dos meus para reencontrá-lo.

descobri muito sobre o amor quando vivi relações de afetos que me mostraram o que é ser genuinamente amada.

eu tenho certeza de que na sua cabeça existe alguma lembrança de um momento mágico que você viveu com a sensação de "ali eu me amei". e isso é lindo. mas não são apenas esses momentos que demonstram o quanto você esteve por você.

saber os seus limites, dizer não, também são formas de se amar.

muitas vezes só notamos o nosso valor quando estamos em falta com ele, mas quando permitimos que ele volte, que plante suas raízes, entendemos o motivo de ficarmos mais fortes. e não é uma força física. é a força interna que vem de acreditar em si e na vida.

o amor da minha família me cuida. o amor dos meus amigos me resgata. o amor do meu irmão me traz esperanças. o amor da minha namorada me mostra o que é ser amada. o amor lá de cima me diz que nunca estou sozinha. mas o meu amor por mim dá sentido à vida.

nada seria tão bom quanto é se eu não estivesse me amando.

"O que alguém mais pode querer
além de amar e ser amado?"
A história mais velha do mundo – O terno

quatro letras

já li sobre amor. já assisti a todos os últimos romances lançados no cinema. já vivi amor romântico que nem sei se era amor. já falei "eu te amo" sem amar. e já torci para que percebessem o quanto eu estava amando. e perceba, amando. eu não disse paixão. a paixão é linda também e merece toda a nossa admiração, mas o amor... o amor é a porta do casulo que nos permite atravessar, abrir asas e pousar.

sair da gaiola não é fácil, vivenciar o casulo também não. abrir asas requer coragem, e até para pousar é preciso segurança. mas tudo isso só acontece se existir amor – mesmo que você não perceba.

o amor não é um estado, mas uma compreensão de si, do outro e do mundo. e a forma como compreendemos o mundo sempre muda porque nós mudamos também.

então por que a gente espera que o amor seja sempre o mesmo, com a mesma intensidade, se, como qualquer outro sentimento, ele também está sujeito a oscilações?

amar é respeitar os turnos da nossa mente e do nosso coração. o amor precisa de tempo pra maturar, e isso não reduz o valor do seu sentimento.

todos os dias o amor vai te ensinar algo sobre o que antes parecia ser insignificante.

quando amamos e somos amados, nos sentimos mais fortes para acessar camadas internas que possivelmente não conheceram o afeto.

que todas as vezes que nos questionarmos sobre o amor possamos lembrar do seu movimento de força e proteção, compreendendo que não há fórmulas perfeitas.

não busque definição para o amor: às vezes, o mais importante é simplesmente vivê-lo.

TROCAS VULNERÁVEIS
PERMITEM
COMUNICAÇÕES
AFETUOSAS

"Eu tô compartilhando a tempestade e o que há de bom em mim."
Comum – ÀVUÀ

a força e a coragem em admitir o que se sente

eu gosto muito, de verdade, de acolher o que, para os meus amigos, tem sido desassossego. queria e tento, genuinamente, ser colo. na minha terapia, compreendi também que isso é um reflexo da minha bagagem intitulada vida. o receio de estar vulnerável é uma barreira que me impede de gritar por ajuda. ainda busco entender se é medo da vulnerabilidade ou de acharem banal o que me faz derramar.

sendo assim, o que falta escrever na minha história me parece ser bonito construir ao lado dos meus, se for bom e aceitável para eles. e isso é algo que só o outro pode responder. o que eu tenho tentado fazer é permitir – timidamente ainda – que as pessoas acessem as minhas respostas.

não todas as pessoas, claro. mas quando aquela amiga chega e olha pra mim como quem busca acessar o meu coração, não me custo a dizer: "é, tô desassossegada". porque a gente também ganha e aprende sobre a gente quando o outro nos encontra.

verbalizar o que se sente é não deixar que o incompreensível faça morada. verbalizar o que se sente é salvar o que ainda pode ser sentido. permita-se escutar o que você fala para o outro, porque talvez seja uma forma inicial de aprender a *se* escutar.

tenho aprendido muito sobre as minhas relações, sobre o poder da palavra, do sentir, dessas coisas que fazem a gente crescer por dentro e estender os braços para os abraços aqui fora.

toda relação é semente, e colhemos coisas boas quando cultivamos com afeto. isso não tem erro.

"I could hold you for a million years
to make you feel my love."
Make you feel my love – Adele

para todos que eu amo

começo este texto escutando uma das músicas favoritas do meu melhor amigo. todas as vezes que estamos juntos, a trilha sonora só fica completa quando "make you feel my love" toca. não conseguimos nos ver sempre, mas todo encontro fica eternizado na memória. e essas lembranças ao lado das pessoas que amo me direcionam quando me sinto só.

se eu pudesse fazer um pedido a qualquer ser que exista, seria tornar a presença dessas pessoas mais rotineira na minha vida. ou, quiçá, um teletransporte que nos coloque lado a lado quando a saudade bater e a distância não der conta.

desejar que essas possibilidades fossem reais me faz pensar o quanto crescer, estar imersa em uma rotina acelerada, impede que eu demonstre afeto da forma que eu gostaria.

a dinâmica das relações pode mudar e isso não significa que o amor acabou.

constantemente me questiono se eu sou uma boa amizade, e tenho certeza de que inseguranças como essas não pairam somente na minha cabeça.

o outro não tem como adivinhar os nossos sentimentos, assim como não podemos nos culpar por não conseguir expressá-los tanto quanto gostaríamos.

nenhuma mensagem substitui o conforto que é sentar-se ao lado de alguém que amamos para fazer absolutamente nada ou conversar sobre absolutamente tudo.

mas eu sei que a mensagem e a ligação são formas de estarmos mais um pouco ali, próximos, para além do coração.

no fundo, eu sei que, seja morando longe, seja estando perto, o amor une estradas mesmo quando os destinos são diferentes. e é por encontrar a minha estrada com a deles que a minha vida se torna mais doce para quando preciso seguir sozinha.

amo vocês.

*"Quem divide o que tem
é que vive pra sempre."*
Quem tem um amigo – Emicida

bodas de amizade

o fato é que sinto saudades da sua presença, nem sempre diária, mas sempre solar na minha vida. isso, sem dúvidas, tem a ver com o seu abraço, com a forma que você me acessa somente pelo olhar. e, para mim, não há outra explicação: *só se sabe com os olhos quem tem coração de amor.*

é singular a forma como consigo respirar calmamente quando estamos compartilhando a mesma atmosfera. quando, mesmo depois de tanto tempo sem trocar mensagens ou telefonemas, conseguimos nos alcançar sem amarras e julgamentos.

o quão mágico e afetuoso é saber que, mesmo buscando céus tão distintos, ainda assim, quando tudo é alegria ou tristeza, há sempre um lar que nos espera.

você é um pouso tranquilo.

e eu acho que, sinceramente, você precisa escutar isso mais vezes. guardar no seu coração a sua capacidade de tornar qualquer lugar mais iluminado.

eu não sei se é o seu jeito bobo, não sei se é a forma como você confia em mim – e eu em você – ou o silêncio confortável, mas *tem algo na nossa amizade que eu não encontro em nenhum outro abraço.*

sinto falta de te ver no meu dia a dia, da sua falação, das nossas conversas aleatórias, das músicas que alternam entre a sofrência e a euforia. dos dias com muito sol e suor, das horas longas de estudo, e também dos dias de folia.

por hoje, eu só queria sentir um pouquinho da sua aura perto da minha. desabafar com você e, como sempre, me sentir acolhida. sorrir com você e experimentar o afago de uma amizade que há tempos cultiva admiração e respeito.

não há outra coisa que te desejo, senão amor. não há outra coisa que sinto sua, senão saudades.

eu aqui, você aí, mas sempre juntas.
eu aqui, você aí, mas sempre juntos.

não vejo a hora de te ver quando isso acabar.

O AMOR É UM SUSSURRO DE ALÍVIO

"O nosso carinho não dói em ninguém"
Intimidade – Liniker e os Caramelows

escrevi pensando em você

coloquei "Intimidade" de Liniker pra tocar enquanto te escrevo esta carta. não sei se é uma carta aberta – nunca entendi muito bem esse conceito –, mas é uma carta de amor, com amor, para o meu amor.

se essas palavras pudessem ter um cheiro, seria o da sua casa com incenso. se caso tivessem um toque, seria o da sua mão dando volta no meu pescoço quando encosto no sofá para assistirmos à nossa série favorita. se essas palavras tivessem uma voz, queria que fosse a sua me dizendo "tô aqui". se tivessem um olhar, queria que fosse o seu quando te falo sobre o meu dia.

e se o amor pode ser um texto, gostaria de te dedicar estas palavras.

e mesmo que eu te dedique todas as palavras, ainda assim, não seriam suficientes para descrever a sua presença na minha vida. este texto tem muita melodia porque é assim que eu levo a vida com você.

e os nossos rostos – como diria Gal – nos entregam quando o nosso olhar se cruza. te amar ressignificou o amor na minha vida.

essa poesia de que eu não conhecia o amor antes de você já te recitei mil vezes, e te recitaria outras mil, talvez não como Bethânia, mas prometo tentar.

estar com você é saber que o amor pode ser manso, e isso não diminui a imensidão do sentimento.

das minhas melodias favoritas, essa de não precisarmos mudar quem somos para seguirmos o nosso caminho é a de que eu mais gosto.

acho tão admirável como você aplaude e aceita quem eu sou tão facilmente. a nossa comunicação aberta sobre o mundo me faz estar em um lugar seguro.

se eu penso em escrever sobre o amor, sempre penso em você.

e eu posso falar sobre cada minúcia do nosso afeto, desde a hora que acordamos tarde no domingo até a segunda cheia de saudade.

com você eu fujo do tempo, ao mesmo instante que renovo minhas forças para voltar.

e a melhor parte é perceber a reciprocidade da escuta como a nossa forma de amar.

você é o meu sonho bom acordado. te amo.

*"Quando estou com você
estou nos braços da paz."*
Gostoso demais – Maria Bethânia

como é bom amar: nunca pensei que escreveria isso

é tão bonito quando Maria Bethânia canta "tô com saudade do teu olhar carinhoso", porque há uma espécie de olhar que só o amor acessa. aquela troca que pode durar segundos, porém, com toda a sua autenticidade, sempre traz a sensação de "como é bom estar aqui".

como o disco da nossa banda favorita, o amor gera sensações para as quais não há explicações, mas há certezas. e a certeza do que sentimos já é muito válida quando vivemos em um mundo que nos faz ter dúvida de tudo – até de nós mesmos.

o amor escuta a nossa alegria da mesma forma que abraça os nossos medos. e qualquer outra relação que esteja disponível apenas para os momentos bons não é amor, é conveniência. pois *o amor sempre olha com carinho para as coisas que o mundo não dispõe atenção.*

o amor lê o nosso silêncio sem procurar respostas. o amor nos ensina que algumas respostas só encontramos sozinhos, mas com afeto nos sentimos mais fortes para ir em busca de todas delas. o amor é o brilho no olhar e o colírio para cuidar.

só o amor não é suficiente, mas sem ele não é possível.

"O verdadeiro amor é vão."
Drão – Gilberto Gil

este texto é para o amor

para aqueles amores que podem durar anos, meses, semanas, dias ou horas e continuam sendo amor. este texto é especialmente dedicado aos momentos que conseguimos iluminar o outro e a nós mesmos com afeto. é um texto para celebrar tudo o que amor consegue transformar: a vida.

por muito tempo nomeei de amor o que sentia por pessoas e situações que mais me magoaram do que de fato iluminaram o meu coração. quem sabe chamar de amor era minha forma de buscá-lo. mas nomear não é suficiente, é preciso estar aberto e, por vezes, ser apresentado ao amor. e é aí que acontece o encantamento: amar não tem forma.

amar não é simples, mas nos dá força para viver o complexo, porque, no fundo, a gente tá aprendendo a se amar também. e não é fácil entender o que é o amor quando você não vivenciou relações que cultivaram esse sentimento. e eu falo sobre todos os tipos de relações, de amizades, familiares e outras.

o amor é uma descoberta de si e de quem compartilha essa jornada com a gente. amar é descobrir inclusive que nem você, nem ninguém, atende às fantasias dos eternos clichês.

amar verdadeiramente é libertar você e o outro das expectativas romantizadas sobre o amor. a comunicação mútua é um passo poderoso nessa descoberta.

Gil canta tão lindamente "o amor é como um grão", e poucas coisas são tão fortes como germinar esse sentimento ao lado das pessoas que amamos e por quem nos sentimos amados.

se essa é uma mensagem de amor, dedico a todos os tipos de amores. aos que começaram, terminaram, aos que vão se conhecer e aos que vivem. aos amores que aceitam as conversas honestas, mesmo que vulneráveis. aos amores que leem o outro sem querer definir como cada pessoa se coloca no mundo. um texto aos amores que abraçam os seus amores pelo amor, e não pela vaidade.

um texto para celebrar o andar de mãos dadas na beira da praia, o falar baixinho, o gargalhar alto, o abraçar seguro.

um texto ao amor, que, dentre todas as forças, é sempre a mais potente.

*"I love it when you
try to save me."*
1950 – King Princess

qualquer poesia de amor é brega: ainda bem

assistir ao show da minha cantora favorita ao seu lado foi um verdadeiro presente. uma memória inesquecível guardada em meu coração. uma memória sem cadeado para que eu visite todos os dias. uma memória como o nosso amor: livre.

você olhava para mim, enquanto eu cantava todas as músicas, apaixonada. você estava admirando a minha felicidade. e foi percebendo você torcer por mim, ficando feliz com as minhas conquistas, que eu entendi que poderia ser amada e me amar.

quando ninguém percebeu a minha ansiedade, você foi a primeira pessoa a me oferecer cuidado.

e você sabe: quando você chegou, entrando de fininho na sala da minha casa, naquele dia de chuva, eu estava, sim, desencantada do amor. mas com a mesma gentileza e cuidado que você chegou, você me mostrou que tudo o que eu vivi antes não era amor.

foi como dançar em um baile de formatura pela primeira vez. eu não sabia um passo, e você me conduziu tranquilamente. você me dizia estar aprendendo, e eu embarquei nessa com você.

e é lindo demais como aprendemos mais sobre a gente para entender quem somos juntas. alguns passos de mão dadas e outros sozinhas para celebrarmos a nossa individualidade. eu nem imaginava que isso era possível.

para ser honesta, tudo que eu imaginava estava equivocado. por muito tempo, a palavra amor, para mim, só poderia ser conjugada com o verbo sofrer. e você, com o seu amor genuíno, me provou o contrário.

não que o nosso amor seja perfeito, porque nenhum é, mas ele é real. você não é a minha metade, e nem eu a sua. somos inteiras e nos amamos na caminhada. e, mais uma vez, eu não imaginava que isso fosse possível.

como assim alguém pode torcer por mim, mesmo que isso signifique estarmos longe? deve ser por isso que quando amamos alguém, como eu te amo, desejamos ver essa pessoa feliz.

amar é admirar o voo do outro sabendo que há sempre lugar seguro para pousar. uma hora voando juntas, outras separadas e, quem sabe, pousando. não existe manual, exige respeito e disposição. e, por incrível que pareça, isso se ensina e se aprende sim.

mas foi uma decisão nossa querer, e continua sendo. o nosso amor é lindo por ser real.

você sempre diz que me ama sem precisar usar uma palavra.

e mesmo que eu use muitas, ainda não são suficientes para descrever o que eu sinto. *te amo.*

AMAR O OUTRO,
MAS NÃO SE ESQUECER
DE SE AMAR

*"Quando o vento parou e água baixou,
eu tive a certeza do seu amor."*
Quando a gira girou – Zeca Pagodinho

vovó Catarina

ontem você segurou a minha mão e eu não precisei dizer nada. você sabia que, apesar da minha gratidão por todas as coisas que já aconteceram na minha vida, a angústia ainda existe. você sabia exatamente onde doía e tocou meu coração não com palavras, mas com amor.

só você sabe o quanto eu queria ser muitas. o quanto eu queria dar conta de tudo e ser múltipla. apenas você sente o peso que aflige o meu peito.

até quando estou vivendo o momento mais esperado, algo me puxa pra baixo. e eu sei que esse "algo", às vezes, sou eu mesma.

e como você sabe, eu tenho medo. medo de não chegar aonde sempre esperei. tenho medo de não viver momentos especiais ao lado de quem eu amo. tenho medo de me perder, de não saber voltar. medo de falhar, de perder a oportunidade, de não saber aproveitar a vida. tenho medo de incomodar. medo de não ser eu mesma.

só você sabe o quanto tudo isso me rasga por dentro.

meu sono essa noite foi interrompido pelos meus pensamentos. eu não me ofereço alívio até quando estou descansando.

e, mais uma vez, você sabe que ter que lidar com a vida sozinha, de me ter como lar, apesar da beleza, também tem a sua dor. às vezes eu só queria o colo que tanto ofereço às pessoas. mas o medo de incomodar faz com que eu fique aqui, quietinha, sentindo a vida desmoronar na minha cabeça.

você pediu para eu voltar pra casa com a certeza de que esse alívio iria decantar. as emoções existem e eu não posso exigir viver sem angústia, sem ansiedade, porque isso também seria um risco.

no entanto, enxergar a vida sempre com medo ofusca o que está acontecendo na realidade. viver sempre com medo me impede de aproveitar a vida por inteiro.

e, no meu silêncio, você entendeu tudo. entendeu o meu medo e pediu para que eu confiasse um pouco mais. e quando eu vejo você cuidando de mim, a única coisa que eu quero fazer é me cuidar da mesma forma.

com a mesma delicadeza que você segurou a minha mão esquerda ontem e, sem mencionar um conselho sequer, você me deu alívio, porque você me ofereceu amor. e é isso que vou me oferecer mais agora.

obrigada, vovó.

"But isn't she lovely, made from love?"
Isn't she lovely – Stevie Wonder

aterrissei em mim

eu sempre fui uma pessoa muito medrosa para a vida. nunca me arrisquei em esportes radicais, e se a água salgada cobre o meu ombro, volto logo para o raso. ao desconhecido mantenho o respeito, e ao novo pratico a cautela. prefiro ficar acomodada na areia observando as ondas passarem, admirando as pessoas se divertirem enquanto colocam as preocupações em uma concha, pelo menos por um instante. sou mais sossego do que adrenalina. minha infância foi divertida demais e sou bem-agradecida por esse presente.

continuo me divertindo, mas de outras formas. alguns dizem que mais nova eu era mais legal, mais impulsiva. eles só não sabem que essa impulsividade me causou feridas profundas. eles nem imaginam que ser impulsiva, naquela idade, era a minha forma de ser vista. se eu fosse sensível, não seria notada. o que me restava era o impulso, o exagero. eu precisava de algum mecanismo para liberar as minhas emoções e tentar, pela sorte, que alguém me notasse.

mas quando a gente cresce, quando as nossas raízes se fincam na terra, sermos notadas não basta. se para ser vista eu preciso estar sempre sorrindo, sendo impulsiva, eu prefiro o silêncio do meu quarto como faço agora. esse é o tipo de lição que só o tempo ensina.

algumas pessoas dizem que não me reconhecem mais. sinto muito por essas pessoas que esperam do outro a imobilidade, e não a mudança. a diferença entre mim e quem me diz isso é que eu estou sempre disposta a conhecer a minha nova versão. e seguirei assim, mesmo sabendo que isso me fará perder pessoas.

quem me ama vai buscar entender o porquê de eu não ser mais impulsiva. quem me ama vai acolher o novo corte de cabelo, porque não é sobre o meu cabelo, é sobre a minha identidade. e se isso parece pouco, pra mim, significa muito.

não se assuste: conhecer-se significa romper laços.

laços com pessoas que você pensava ser para vida toda. laços com amizades que já não se comunicam mais.

muitas pessoas vão ficar, mas jamais deixe de ser você só para manter alguém por perto. se isso custa quem você é, custa muito.

todas as vezes que alguém partir dizendo que você mudou, não se sinta culpado.

o único jeito é ir pra frente, e você já está indo.

> "Simplesmente, ame
> como se fosse você."
> Quando for falar de amor – Fioti, Tuyo

essa terra sempre existiu, mas eu só tô adubando agora

você pensa em você quando pensa em amor? você pensa em você quando pensa em amar?

como eu posso supor que não me amo, se há anos eu tenho feito coisas por mim que anteriormente me faltaria coragem? posso não saber me amar da forma mais perfeita, mas preciso reconhecer que ser gentil com as minhas escolhas também é amor.

acesso e desbravo do meu amor-próprio para nunca esquecer que posso e mereço ser amada.

mesmo quando você fala que não se ama, há alguma ação sua que te prova o contrário.

eu escrevi "amar o outro, mas não se esquecer de se amar" há dois anos, e não foi como se todos os dias eu acordasse sendo gentil comigo. várias noites eu dormi chorando e acordei desejando habitar outro corpo. mas, se quando meus amigos passam por processos, o nosso amor continua, por que eu iria me virar as costas quando tantos já fazem isso comigo?

a minha única saída sempre foi me escolher, e pra me escolher eu preciso me amar. não somente por quem eu sou, mas por tudo que eu fiz sem ao menos ter consciência de que já estava me amando.

Coloque a sua música favorita.

este não é o final, estou pronta para decolar

o melhor amor é o nosso, mas é o mais difícil. todos podem cair, menos a gente.

se eu peço um conselho você me dá, se eu peço um abraço você me oferece, mas quando você chega na sua casa exausta da vida, antes de pensar em descansar, só mentaliza o quanto é fraca e insuficiente. você pensa que todos à sua volta estão vencendo e só você regredindo. de novo.

e eu não sei quem disse pra gente que regredir não é caminhar. que voltar um passo não significa mudança. que falhar significa fracasso. que cair simboliza o fim. você só está começando.

o seu erro não pode ser o maior do mundo porque ele é apenas isso: um erro. você diz tanto que não quer ser a boneca perfeita de ninguém, mas você mesma exige isso de você. as suas expectativas são sempre altas. imagina se você chegasse aonde deseja, exigindo sempre o máximo de si: será que você estaria viva para aproveitar tudo isso ou seria engolida pela suas próprias cobranças?

o ponto fora da curva não é o fim, é a oportunidade.

se você desse conta de tudo que deseja e que te impõem, você não estaria aqui. e, honestamente, eu sinto que você não está. você já entrou em uma corrida automática tão grande contra si e contra a vida que não percebe o que acontece à sua volta e, quem dirá, o que está gritando por dentro.

as mãos nos seus ouvidos não vão calar o seu sentimento, você sabe. quando você se senta na cadeira e se derrama com qualquer palavra amiga, você pode até não saber do que precisa, mas sabe exatamente o que está em falta. e essa falta é com você.

e quem sou eu para te culpar quando faço o mesmo?

é tão mais fácil dizer para as nossas amigas o que elas devem fazer. mas o que te faz pensar que você não merece isso? essa mão que você tanto estende, por que não recuar e se oferecer um abraço? não é exatamente disso que você precisa? alguém que compreenda todas as suas ausências? me desculpe falar isso, mas não valerá a pena se não começar por você.

se você não parar e analisar atentamente cada átomo do seu corpo, continuará na mesma página.

você precisa perceber que cada pedacinho seu não é igual. algumas linhas mais felizes, outras extremamente cansadas e tristes, pedindo socorro. linhas das quais você nem se lembrava mais.

não sei se você sabe, mas na sua nuca está escrito "amor-próprio". você tatuou isso com 18 anos e agora, anos depois, o que você fez com esse amor?

a mesma coisa que eu? pensou ser uma pílula que tomamos uma vez na vida e pronto? a gente se lembra de regar todos os amores, menos o nosso.

a cor favorita do seu marido você lembra, a banda favorita da sua namorada, o desenho animado do seu filho, mas o que você tem lembrado de você além das suas noites de cansaço? o que você tem visto que seja exclusivamente seu?

os seus gostos adolescentes estão todos aí, mas e o agora? o que você sabe sobre você que seja tão recente? qual o último momento que você passou sozinha que não foi chorando? e, calma, eu amo que você se derrame na sua presença, mas a sua companhia não é só pra isso.

você também merece a pizza que convida, o chope que divulga no grupo da família, o presente que compra pra sua mãe e esquece, sempre, de você.

e sabe a real? você pode até se esquecer, mas você não deixa de sentir. tá tudo aí no seu rosto inchado de quem tem carregado a vida com muita persistência, mas sem amor. o amor que recebemos de quem amamos é mágico, mas pra romper as nossas dores, rebentar os laços que nos ferem, é preciso de mais amor, é preciso de amor-próprio.

e não, eu não tenho uma pílula.

é hora de regredir, de revisitar o passado e entender quais os caminhos que aquela menina de 18 anos te ensinou sobre o amor. o que ela sentiu enquanto tatuava aquela frase que seja possível você resgatar? resgatar uma faísca do passado como lição para o seu presente. não precisa deixar tudo pra trás, se tudo é o que você viveu. você pode, sim, voltar para aprender.

e isso é se amar: retornar todas as vezes que se sentir perdida. se nem o amor que construímos ao longo da vida com outras pessoas é estável, por que com o nosso seria diferente?

não tem script. quando você for ver, já está acontecendo. só lembre que é como ir em uma montanha-russa: será sempre uma nova emoção, com altos e baixos.

mas nessa você sobe sozinha. não dá pra colocar todo mundo que você ama. estar perto dessas pessoas, mesmo que te cause a sensação de proteção e controle, não impede que o brinquedo quebre, caia. é melhor ir só, mais leve, para que você possa voltar com mais força.

e lembre-se, não com força para segurar ninguém, mas com força para proteger a si mesma. porque quando esse mundo desmoronar, você sempre será a primeira a estar com você. e isso *é amor.*

aperte os cintos.

Agradecimentos

Este livro só existe porque você, querido leitor, existe. Estas folhas são a materialização de um sonho e espero que você tenha finalizado a leitura acreditando nos seus. Retorne sempre que necessário para se lembrar da sua força.

Este livro só existe porque muitas pessoas acreditaram em mim, inclusive eu mesma. Acredite em você também.

Este livro só existe porque uma vez as minhas irmãs de vida, Ayala e Tainá, falaram no sofá da minha sala: "você deveria escrever um livro". Eu amo vocês, pra sempre.

Estas folhas surgem a partir do nascimento do meu irmão, que me ensinou, como ninguém, o que é o amor. Saulo, você é o amor da minha vida.

Tudo acontece pela educação que os meus pais me deram, lendo muitas histórias para que eu pudesse dormir. E, quando eu durmo, lembro que posso sonhar e se sonho, consigo realizar. Aqui está a prova viva. Obrigada, amo vocês.

Aos educadores da minha jornada: vocês foram excepcionais!

Este livro só existe pelo amor inexplicável das minhas tias comigo: Ediene, Vanuza, Rosa, Fabiana e Valdete. Vocês são essenciais na minha vida.

O cuidado das minhas amigas-irmãs, Ana e Gabi, e do meu melhor amigo Júnior, me deu forças para lembrar do meu sorriso.

O amor da minha namorada Sofia e toda sua família, foi um verdadeiro presente. Eu amo vocês. Obrigada, amor, por ser você.

Este livro só existe porque um dia a minha psicóloga Ana me mostrou, através da terapia, que eu sou uma potência. Todas nós, mulheres, somos. Obrigada, Ana. Aos meus amores, Thata, Chris, Mavi e Lincoln, vocês sonharam comigo!

Este livro existe pela disposição e carinho de Lucke em lê-lo atentamente.

Este livro só existe pela vibração incondicional dos meus amigos da faculdade, da escola, do trabalho e das conexões de alma. Vocês formam uma família pra mim.

Estes poemas só se tornaram possíveis porque Deus sempre esteve comigo e os meus guias espirituais sempre me mostraram: você não está sozinha. Obrigada às águas que se transformam em poesia!

Meus agradecimentos a todos que passaram pela minha jornada. Obrigada, Editora Planeta, por ter acreditado em mim, obrigada aos meus editores Felipe Brandão e Gabriela Mendizabal pela confiança.

Gratidão imensa aos meus leitores que sempre me disseram: "você me descreveu". Vocês me salvaram.

As palavras existem para me lembrar que, todas as vezes que alguém tentou me colocar em uma gaiola, a poesia me guiou.

Este livro só existe porque um dia eu escrevi: Acreditar em mim é a minha única possibilidade de existir.

E eu estava certa.

Obrigada a todos.

RYANE LEÃO

TUDO NELA BRILHA E QUEIMA

POEMAS DE LUTA E AMOR

Planeta

eu tenho sérios poemas mentais

pedro salomão

Outro Planeta

O que eu faço com a saudade?

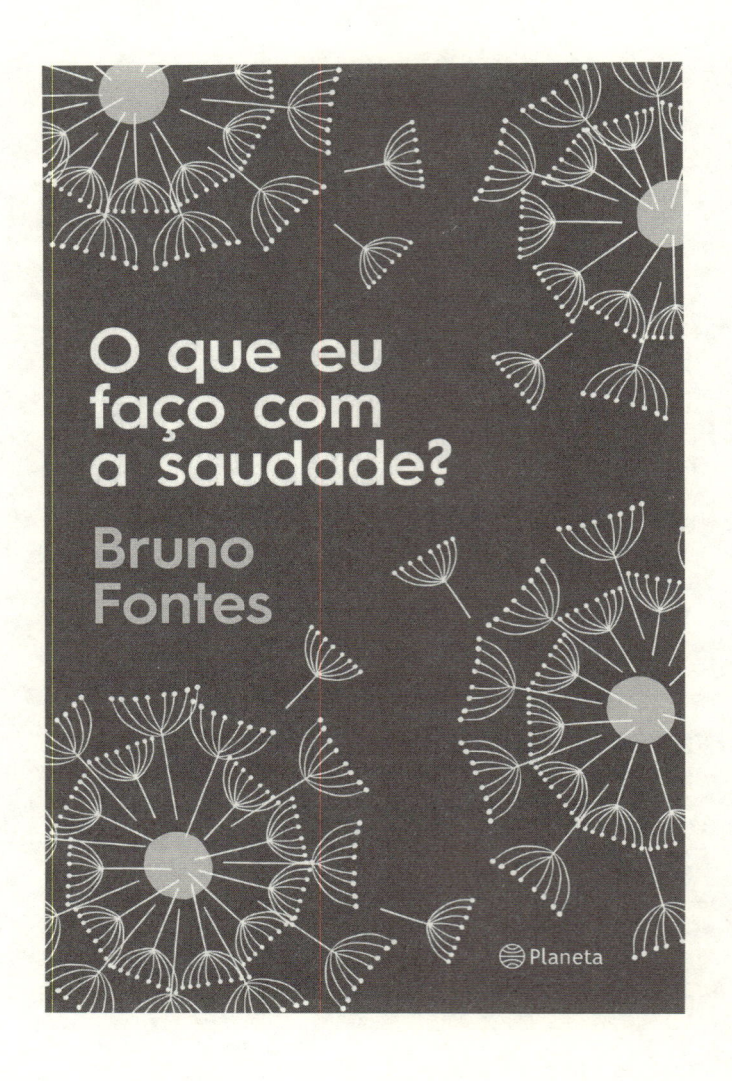

Bruno Fontes

Planeta

Liana Ferraz

SEDE DE ME BEBER INTEIRA

poemas

Planeta

**Acreditamos
nos livros**

Este livro foi composto em Linux Libertine
e impresso pela Lis Gráfica para a Editora
Planeta do Brasil em fevereiro de 2024.